KB221047

온 세상이 텅 비었다
무엇이 있어 잡으려 할 것인가
잡아야 할 것이 없다 보니
성낼 일도 괴로운 일도
미워할 일도 좋아할 일도 없다
부모도 자식도 남편도 나까지도
모두 놓아지고 만다

마음공부 에세이

1985년 12월 9일
영원한 오늘

풍원자 지음

비움과소통

나를 훼손하려 한들 내 어찌 훼손됨이 있겠으며,
나를 명예롭게 한들 내 어찌 더함이 있으리오.
돌아가 동산 아래 누웠노라면
밝은 달은 빈 뜰을 가득 채워주노라.

누구의 글인지는 몰라도 항상 내 마음을 잡아준다.

"눈길을 걸을 때는 발자욱을 흩트리지 말라. 이 발자욱은 훗날 뒷사람의 표본이 된다"는 김구 선생님의 말씀처럼 바르고 단정하게, 뚜벅뚜벅 말없이, 있는 듯 없는 듯 살다가 코끼리처럼 아무도 모르는 곳에서 모습을 감추고 싶은 마음입니다. 하여 책으로 펴냄이 좋을지? 아닐지? 몇 번이고 망설이고 또 망설이다가 부끄러움을 무릅쓰고 책으로 낼 것을 결심하게 되었습니다.

사랑하는 내 가족들과 친지, 친구 그리고 나를 이끌어주신 스님들, 도반들과 더불어 내 신행생활을 돌이켜 살펴 지도편달을 받고자 결단을 내렸습니다. 잘잘못은 몰라도 지극한 마음으로 내일도 오늘처럼 꾸준하게 이 모습 감추어질 때까지 살 것이라고 믿으렵니다.

고맙습니다.

2020년 도곡동에서
풍원자 합장

차 례

2005년에 적은 생각의 흐름들

2020년에 적은 생각의 흐름들

2005년에 적은 생각의 흐름들

나의 어린시절

어린시절 나는 증조할머니를 무척이나 좋아했다. 어머니 아버지가 나를 데리러 오시면 눈이 발목을 덮는 논두렁 밭두렁을 헤매 돌아 벼 낟가리 속에 숨기를 여러 차례…. 그러나 아버지 손에 잡혀 서울로 오게 된다.

왜 그리 엄마랑 동생들이 있는 서울이 싫었던지? 아버지가 경기도청에 출근하고 계시지 않는 동안 맏이인 나는 어린 동생들을 돌보아야 했다. 어두워도 오시지 않으면 찻길이 닿는 큰길 가에 파헤쳐진 흙구덩이 속에서 아버지 오시기만을 눈이 빠지도록 기다렸다.

가로등이 환하게 켜지고 인적마저 끊어진 그곳에 두려움도 없이 그냥 기다렸다. 엄마는 얼마나 나를 애타게 찾았겠는가? 그런 것까지 생각할 여유가 없다. 금방이라도 아버지 모습이 보일 듯 한 초조한 마음뿐, 그러다가 엄마에게 발견이 되면 끌려와 심한 꾸중을 듣곤 했다.

무슨 인연이기에 그토록 애달프게 기다렸는지? 참으로 나는 엄마를 많이 괴롭게 했다. 그러나 그럴 때마다 엄마랑 집이 더욱 더 싫어지곤 했다.

지금의 전농동 시립대학 밑에 살고 있던 난 항상 밖에
있기를 좋아했다. 메 뿌리를 캐먹고 호박꽃을 따서 꿀
을 빨아먹기도 하고 벚나무 송진을 따서 손가락으로
실을 늘이며 놀았다. 뻘건 진흙을 묻혀 들어오면 혼이
나고 또 혼이 나곤 했다.

그러던 어느 날 경기도 가평읍으로 이사를 했다. 아버
지가 가평읍으로 전근이 되었기 때문이다.

그곳에서 나는 초등학교에 입학을 했다. 일본어를 배
우기 시작했다. 한국말 한마디 할 때마다 벌을 받았다.
아버지는 다시 인천시로 전근이 되고 엄마랑 동생들이
랑 나는 경기도 양주군 진접면 장현리로 이사를 했다.

당연히 나는 장현국민학교로 전학을 했다. 대동아전쟁
이 거의 끝나갈 무렵 공습이 심해 그를 피해서 시골로
간 것이다. 그 후 해방이 되어 아버지와 더불어 온 가
족이 그곳 팔야리 315번지, 증조할아버지·할머니, 친
할아버지·할머니, 고모들이 살고 있는 친가로 들어간
것이다.

증조할머니가 계셔서 나는 너무 좋았다. 그러나 엄마
의 시집살이는 입으로 표현하기조차 힘들만큼 고된 생
활이 시작되었다.

보리방아를 찧고 맷돌을 돌려 밀을 갈아먹던 시절, 많

은 농사의 뒷바라지, 층층시하에 웃어른들 받들기, 줄줄이 딸린 어린 자식들 키우기, 많은 대소가 분들의 화목다지기 등등 참으로 인간의 힘은 무한한 듯 싶다.

그때부터 나는 어둑 어둑한 새벽길을 가방을 메고 매일 뛰어 다녔다. 팔야리에서 장현국민학교까지는 7km나 되었기 때문에 항상 뛰지 않으면 지각이다. 학교가 끝나고 환경미화나 청소라도 할라치면 달이 중천에 떠서야 집에 오게 된다.

사람이 그리 무섭다지만 3km정도 되는 길에는 밤나무 숲 뿐, 인가라고는 없는 산길이고 보니 머리끝이 쭈뼛쭈뼛, 항상 온몸이 땀으로 목욕을 한다. 자기 발자국 소리에 놀라 돌아보기를 수 없이 되풀이 했다. 이럴 때면 언제나 엄마가 호롱불을 들고 저 멀리서 소리를 친다.

"자야! 자야!" 여기 엄마가 있으니 안심하고 오라는 사랑의 배려이시다. 그렇게 눈도 코도 뜰 수 없는 시간을 할애해서 말이다. 하지만 만나자 마자 꾸중이시다. 사랑의 표현이시다. 왜 그리 늦었느냐고 놀다 오기라도 한 줄 아시고….

어느 가을 보리밭을 가는 날이다.

어두컴컴하여 집을 나서면서 '오늘은 뛰지 않아도 되겠지?' 마음이 느긋했다. 오솔길을 따라 안개 속으로 한 5분 쯤 걸었을 때였다. 털빛이 노리끼리한 갈색의 여우란 놈이 핼끔 뒤돌아보며 지나간다. 조금 가니 또 한 마리, 이렇게 여우 두 마리를 보내면서 잔뜩 긴장이 되었다. 큰 길을 따라 밤나무 숲이 있는 곳에 이르니 길가에 꺼먼 짐승이 기지개를 켜듯이 일어선다. 무슨 짐승인지는 몰라도 작은 송아지만한 그놈은 틀림없이 산짐승이었다. 겁에 질린 나는 돌을 양손에 쥐고 뒷걸음질을 쳤다. 등을 보일 수도 없고 뛸 수는 더욱 없었기 때문이다. 그렇게 2, 3분쯤 지났을까? 그놈은 어슬렁어슬렁 산을 향해 걸어갔다. 한동안 뒷걸음질을 치던 나는 다시 길을 따라 앞으로 걸었다. 그날도 어김없이 뛸 수밖에….

그렇게 나의 초등학교 시절은 마라톤 선수의 연습기 같은 것이었다. 그렇게 길지 않은 생을 흙과 더불어 살다 가신 할아버지 생각이 난다.

밤나무 밑을 치시고 돌아오시는 할아버지 조끼 호주머니 속에서 무엇이 나올까? 기대 속에 지켜 서 있는 나는 고소한 개암 맛을 떠올려 침을 삼키곤 했다. 추운 겨울이 되면 7km나 되는 길을 지게에 장작을 지고 학교엘 오셨다. 따뜻한 난로를 피워 주기 위해서다.

그 훈훈한, 헤아릴 수 없이 깊고 넓은 사랑의 마음이 반백이 넘는 세월의 저 편에서 환한 미소를 보내고 계신다.

금방이라도 땟국이 주루르 흘러 내릴 듯 한
베 등걸 잠뱅이가
반백을 넘어선 세월의 저 뒤안에 선
나의 할아버지를 그립게 한다

장난기 어린 눈가에
다정했던 잔주름이
더 없이 행복하게 했던
내 할아버지가 뵙고 싶다

밤일지?
개암일지?
아니면 도토리일지?를
초조하게 기다리며
눈독을 들였던 내 마음이
추억 속에 보석처럼 반짝이는데

따뜻한 사랑의 불꽃을
지게 위에 빠알갛게 피우셨던
내 할아버지

칠순을 바라보는 나이에
나

어린 소녀가 되어
그리움의 반짝이는 보석을
어루만지며 놀고 있네

소녀 시절

내 나이 열세 살, 국민학교를 졸업하고 중학교를 가고 자 했지만 절대로 안 된다는 것이다. 여자이기 때문에, 그리고 집안일을 도와야 하기 때문이라는 것이다. 독 학을 하라고 했다.

두 살 아래인 남자 동생이 배우는 교과서를 같이 보면 서, 한문을 주로 공부를 했다. 그것도 밤에만 가능했 다. 등에는 항상 애기를 매달고…

그해 여름 6.25 한국전쟁이 터졌다. 그 날도 30명이 나 되는 일꾼을 얻어 모를 내고 있었다. 부랴부랴 조 상님들이 묻혀 계신 선산 골짜기로 피난을 갔다.

대포알 지나가는 소리가 머리 위로 요란하다. 밤나무, 상수리나무 어린 잎사귀들이 땅 위에 수북하게 떨어졌 다. 아버지의 얼굴이 백지장이시다.

저만치 떨어져 땅에 누운 나를 굳이 당신 곁으로 오라 고 성화시다. 바로 곁에 있으면 그래도 다소나마 마음 이 놓이실 듯 하신가 보다. 하지만 나는 꼼짝도 하지 않았다.

그렇듯 애타하시는 아버지를 물끄럼히 바라만 볼 뿐 미동도 않는다.

눈도 깜빡일 줄 모르는 듯 바라본다기 보다 눈동자가 고정되어 움직임을 잊은 듯 했다. 두려움이라 할지 불안함이라 할지 모든 것이 다 뒤엉크러진 상황 속에서 죽은 사람이듯 산 사람이듯이 뻥 하니 누워 있을 뿐 생각마저도 움직임을 잊은 듯 했다.

그 후 살얼음판을 걷듯 하루하루가 지나 9.28 수복 무렵이 되었다. 석양 무렵 갑자기 내무서원들이 찾아 왔다. 식구들은 모두 어찌할 줄 모르면서도 애써 태연하려 했다. 온 집안을 두리번 두리번 살피던 그들은 그냥 아무 말 없이 떠나갔다.

그 이튿날 등 넘어 임 참봉이 앉은 채로 총에 맞아 세상을 떴다는 등 이곳 저곳에서 입에 올리고 싶지 않은 소식들이 무성하게 전해왔다.

등골이 오싹 소름이 돋는다. 틀림없이 우리집에 온 이유도 해코자 하는 의도가 있었음일진대 무엇이 그들을 고이 떠나게 했는지? 참으로 고맙고 두려웠다.

되도록 숨어서 얼굴을 보이지 않는 것이 상책이다 싶어 몰래 파 놓은 방공호 속에서 밤이고 낮이고 지내야 했다.

아는 얼굴이 더욱 무서웠던 시절, 밀고 올라갔던 국방

군이 중공군의 개입으로 다시 1.4 후퇴를 했고 또 다시 수복이 되면서 면 내에 단 하나 밖에 없는 광동중·산림고등학교가 다시 문을 열었다.

폐허가 된 교사 재건을 위해 서무주임이셨던 아버지는 침식을 거르시며 심혈을 기울이셨다. 나는 다시 학교를 가고자 투쟁을 했다. 몇 날 며칠을 단식투쟁을 했다.

드디어 2학년 2학기 학기말 시험 때 광동중학교에 등교를 하게 되었다. 하루 두 세 시간만을 자고 공부를 했지만 AND라는 단어도 모르는 영어며, 기초 공식도 모르는 수학 시험을 어떻게 치르겠는가?

그래도 수학은 0점을 면했지만 영어는 당연히 0점, 그러나 다른 과목이 올 100에 가까우니 점수로 봐서는 우등권이었다고 한다. 교직원실에 화제거리가 되었던 것이다.

머리를 매고 까만 치마저고리에 까만 고무신을 신고 등교를 했다. 다른 친구들은 까만 교복에 하얀 카라를 달고…. 세련되었지만…. 나는 너무 자존심이 상했다. 하지만 학교를 보내주신 것만으로도 감지덕지 고마워해야 했다.

이로써 내 별호는 치마저고리, 고무신 그리고 원자탄이었다. 참으로 배짱이 좋았다. 그렇게 와글와글 놀려

대는 소리가 내 부끄러운 마음을 자극하지 못했으니 말이다.

모를 내거나 논을 매거나 벼를 베는 등 일손이 필요할 때는 학교 가는 것을 포기하고 집안일을 도와야 했다.

환경에 대한 내 최소한의 양심에 충실하려 한 것이다. 밤늦도록 설거지를 하고 나면 달이 중천에 뜬다.

달빛의 아련한 유혹을 못이겨 밭둑에 나가 앉는다. 번 쩍번쩍 빛나는 수수잎이며 그 가운데 스쳐가는 스산한 바람소리, 하얗게 부서져 내리는 달빛을 받으면서 나는 무슨 작은 짐승처럼 쭈그리고 앉아 무한한 감회에 젖어든다.

날마다 되풀이 되는 밥하고 먹고 치우고 잠자고 또 먹 거리를 준비하고 먹고 치우고….

이것이 도대체 무엇인가?, 이것이 사는 것일까? 그렇 다면 먹기 위해서 사는 것일까? 이것은 정녕 아닐 것 이다. 왜 살아야 하나? 이름을 남긴다 해도, 재산을 모 은다 해도, 이것이 다 무엇이란 말인가?

아무 소용이 없다. 그냥 다람쥐 쳇바퀴 돌 듯 무슨 보 람이 있는가? 모를 일이다. 정말 모를 일이다. 살고 싶 지 않다. 밤마다 밤이슬을 밟으며 돌아다니다 돌아와 선 노-트 위에 낙서를 했다. 마음을 적으며 달래며 용 기를 이끌어 냈다.

차츰 말을 하기 싫어졌다. 모든 사람들이 다 불쌍하다. 가슴이 아리다. 살맛이 없었던 나는 말이 없어졌다. 웃을 일은 더욱 없었다.

광동산림고등학교 졸업을 앞둔 어느 날 아버지는 수도여자사범대학의 원서를 사오셨다. 응시를 하라고 하셨다.

중학교도 안 보내시겠다던 아버지가 어인 심경의 변화이셨는지? 이렇게 해서 대학을 가니 친구들의 말씨가 내 마음의 변화를 가져다주었다.

여성스럽게 인정이 넘치고 자상한 말솜씨를 나도 배워야겠다고 생각했다. 딱딱하고 침울한 얼굴 표정도 바꿔야겠다고 마음먹었다. 여자이기 때문에 여자스러워져야 한다고 느낀 것이다. 되도록 친구들과 어울려 말도 많이, 어휘를 골라가며 말소리도 다정하게 하느라 애를 썼다. 얼굴 표정도 밝게 지어보곤 하면서 명랑하고자, 자상하고자, 애를 썼다.

그러던 어느 날 엄마가 자취방에 다녀가셨다. 엄마는 '원자는 서울 가더니 아주 간사스러워졌다'고 평을 하셨단다. 어느 정도 변화가 있기는 있었던 모양이다.

열다섯 어린 소녀가
수수밭 머리에 와

작은 짐승처럼 앉았네

하얗게 부서져 내리는
달빛을 쓰고 앉은 옆자리로
돌돌돌 흐르는 냇물소리가
바쁘게 지나가네

반딧불 사이로 시원했을 바람이
오늘은
가슴에 서리를 부어내리듯
어석 어석 스산하다

무엇이 삶이고
왜 살아야 하는지가
비수처럼 가슴을 에여
궁금했던 열다섯 살 소녀가

수수대를 잡고
바람 되어 몸부림 치고 있네

오! 부처님이시여!
알게 하소서
무엇이 삶이고 왜 살아야 하는지를…

사회에 첫 발을 딛다

1960년 대학을 졸업한 나는 모교에 교사로 임용되었다. 시골학교 선생님이 다 그러하듯 나도 국어, 가정, 한문, 지리 등 여러 과목을 담당하였다. 부족함을 느껴 숙명여자대학교에 편입을 했다. 시를 좋아 했던 나는 낙엽 한 잎이 굴러도 아스라지도록 마음이 아팠고, 파란 하늘을 보아도, 햇빛이 눈부시게 쏟아져도 알 수 없는 눈물이 고이곤 했다.

그럭저럭 6년 여 세월이 흘렀다. 그 무렵 지금의 내 남편과 1966년 4월 결혼을 하면서 교직을 떠났다.

여섯 남매의 맏이였던 남편은 서울농대를 나왔고 온집 안 식구들은 오직 이 아들만 잘 공부시키면 집안에 모든 형편이 다 좋아진다고 믿고 있었다. 한마디로 온 가족의 희망이었던 것이다.

그러나 서울시의 말단 공무원이었던 그는 그럴만한 능력이 없었다. 가족들의 마음 한 구석엔 항상 부족함이 있었다.

그러자 1967년 우리에겐 첫 아들(동은)이 탄생했다.

결혼 전부터 결핵 2기라는 지병을 가지고 계신 시부님의 약값이며 병원비를 대야 했고 아기를 기르는데 또한 병원비며 육아 비용이 만만치 않은데다 초등학교를 졸업한 시동생까지.

어려움이 많았다.

그러나 내가 맡았던 제자들처럼, 내 친동생처럼 공부도 보아주고 거침없는 마음으로 가까워지고 또 사랑도 하고 싶었다. 하지만 이는 내 생각일 뿐 그의 마음속에는 반항과 비웃음만 가득했다. 어린아이라고 쉽게 생각할 일이 아니었다. 역시 시댁 식구는 시댁 식구였다. 이로써 내 마음의 방향을 돌려야 했다. 간섭이라고 생각할 수 있는 모든 언행을 자제하려 애를 썼다.

그러나 예의주시하면서 1968년 11월 두 번째로 딸(주원)을 낳았다. 순산을 하고자 많은 신경을 썼지만 이번에도 제왕절개를 할 수 밖에 없단다.

주원이가 세 살이 되던 1970년 4월, 지금까지 살던 동대문구 답십리에서 영등포구(현재는 구로구지만) 구로동으로 이사를 했다. 세살박이 어린 딸을 업고 영등포행 전차를 타고 노량진역에 내렸다. 무작정 한강을 건너 남쪽으로 가고 싶다는 생각밖에는 마을 이름 한군데 아는 곳이 없었다.

어쨌거나 맨 처음 오는 버스를 타기로 마음먹었다. 그

차가 바로 구로동행이었다. 이렇게 해서 우리 식구는 구로남교회 밑 언덕받이에 빗물을 모두 쓸어 안고 앉은 자그마한 집으로 이사를 했다.

비가 오는 날이면 여지없이 대문 밖에 흙더미가 쌓이고 담 너머로 이웃과 더불어 문안 인사를 나눌 수 있는 정겨운 집이었다.

1975년 보충대 자리에 작은 집터를 마련하고 손수 집을 짓고 결혼 후 두 번째 이사를 했다. 평생에 처음 지어본 집이다 보니 부족함이 많았다. 아이들의 돼지저금통까지 뜯어 모았지만 건축비의 삼분의 일 이상을 빚으로 충당했던 당시의 생활도 말이 아니었다.

하지만 속사정을 모르는 주변 사람들은 보통 수입 아니고선 이런 집을 지을 수 없다며 부러워했다. 그러나 어인 일인지 밤마다 악몽에 시달리고 밤잠을 설치기 일쑤였고 심지어는 밤을 하얗게 뜬눈으로 밝히는 때도 종종 있었다. 대표적인 꿈 몇 가지를 적어 본다.

공주(딸)

공주라는 말을 듣는 순간
여자이기 때문에 겪어내야 하는
아픔이
어미의 마음을 아프게 했다

예쁘고 착하고 현명하게 자랄 것을 그리면서
두루두루 모두의 어머니가 되어 줄
마음을 담아
이름을 지었지

이름 아닌
바로
기도문을 썼다

착하고 유능한 남편을 맞아
한 아들의 어미가 되어 자리한
너를 바라보면서

시댁의 부모 형제 친지들과
친정의 부모 형제 친지들과
너의 이름을 알거나 듣는 사람

너를 스쳐 지나간 바람을 쏘이거나 듣는 이까지

한 자박지에 담아
소중하게 키워가는
어머니가 되는
그림을 그리면서

찬란하게 그리면서

어미는 기도문을 썼다
부디
모든 생명을 담아 키우는
대지가 되어
햇빛 따뜻한 간절한 사랑의
마음을 담아

어미는
이름 아닌
기도문을 지어

용씨 가문에
명패를 달았다

시 련 기

구로2동 429-29번지의 집은 반 지하를 합쳐 3층 건물이었다. 우리는 2층 3층을 썼고 지하와 2층 일부는 세를 주었다. 2층에서 지하로 내려가자면 부엌 한쪽에 나 있는 계단을 통하게 설계되어 있었다. 꿈에서도 역력하게 계단을 따라 지하로 내려갔다.

지하에 세워 둔 사다리(손수 집을 지었음으로 남은 목재를 이용, 목수님께 부탁해서 사다리를 짜 놓은 것이 있었다.) 모서리 모서리마다 젊은 남녀 10여명이 올라서서 아니 올라섰다고 표현하기 보다는 매어 달렸다는 표현이 알맞을 듯싶다. 나를 바라보며 깔깔대고 자지러지듯이 끊임없이 웃어대는 것이다.

그래도 탓하지 않고 그대로 수돗가로 갔다. 하얀 옷을 입은 처녀인지도 모를 듯한 모습의 젊은 여인이 머리를 가지런히 묶어 내린 날씬한 몸매로 나를 밖으로 나가자고 한다. 네모지고 하얀 알미늄 쟁반에 몇 개의 그릇을 놓아(비었는지 담겨 있었는지는 몰라도) 받쳐 들고 나가자는 것이다. 나가면 안 된다든지, 기분이 나

쓰다든지 등등 아무런 생각도 없이 그냥 그 쟁반을 그 사람에게 주며 '먼저 가시지요' 하고는 돌아서서 계단을 따라 올라왔다. 그런데 올라와 보니 식탁 앞 의자에 해골 같은 것이 어른거렸다.

그러더니 이내 건장하고 이목구비가 수려한 신사가 되어 까만 양복에 흰 와이셔츠에 넥타이를 매고 의젓하게 앉아있는 것이다. 그리곤 무어라고 큰 소리로 힘주어 떠드는 것이다. 그러나 나는 한 마디도 듣기지를 않는다.

그런가하면 어느 날은 큰 집이 환하게 빛이 나는데 특히 안방 지붕은 오색찬란한 단청이 칠해져 있어 꼭 절집 같았다.

또 어느 날 밤에는 은빛 비행기가 내 머리 위를 스칠 듯 나르면서 나를 향해 습격을 하려는 듯 돌진을 해와 밤새 피해 다니다 깨기도 하고, 어느 날은 송아지만한 개가 물듯이 따라와서 피하느라 쫓기다 깨고, 어느 날은 가만 승용차들이 즐비한데 나를 붙들어 차에 실으려 해서 쫓기고, 어느 날은 높은 담장 위를 땀을 뻘뻘 흘리며 올라가다가 깨기도 했다.

그런데 이상한 것은 그때마다 우리 친정어머니가 마후라를 질끈 머리에 쓰고 아무말도 않고 그냥 먼발치에서 지켜보고 계신 것이다.

어느 날은 유명을 달리한 시동생이 다음에는 네 차례라며 죽음을 예고하는 말을 한다. 그래도 마음은 아무 흔들림없이 '가야 한다면 가는 거지 뭐' 하는 대답으로 죽음에 대해 담담하였다. 생의 미련도 아쉬움도 물론 두려움도 없이 그냥 그렇게 담담할 뿐이다.

내 생에 큰 획을 긋는 대 사건이었다.

지금까지 나는 '내 인생에 있어 불가능은 없다.'라는 믿음으로 '오직 어느만큼의 노력과 인내가 따르느냐만이 문제가 될 뿐 안되는 일은 없는 것이다'라는 마음가짐으로 살아왔다.

그런데 어인 일인지 잠도 잘 안 오고 느낌이 자꾸 이상해진다. 아이 아빠는 성질 낼 일이 아닌 데도 이유 없이 벌컥 벌컥 화를 내고, 나는 설거지를 하다가도 이유없이 쓰러져 꼼짝을 못하고, 밥을 잘 먹고 밥상을 들고 나오려는 순간 허리를 못 써서 그냥 쓰러지고, 쓰러졌다 하면 머리를 꼼짝도 못하고 하루를 지내기도 한다.

그렇다고 어디가 특별히 아픈 곳도 없이 그냥 이상하다. 보름을 꼼짝도 못하고 어지러워 누워 지낼 때도 있었다. 약을 먹으면 더하고 링거주사를 맞아도 차도가 없다. 친구의 도움으로 '굿'이라는 것을 해 보았다.

신기하게 나았다. 그러나 완쾌한 것이 아니라 잠깐 멈

추었음을 알게 되었다.

이때 꿈속에서 그토록 지켜만 보시던 어머니가 내가 다니던 철학관 방에 앉아 소창(속싸게감)을 자로 나르시면서 하시는 말씀이 '네가 여기를 왜 오니? 너의 조상이 얼마나 높은 곳에 계시는데 이곳을 왜 와? 다시는 오지 말아라. 이곳은 내가 알아서 할테니 다시는 오지 마라.' 하시는 것이었다.

이로부터 나는 신의 존재를 의아해 했고 생의 모든 문제가 신과 어떤 연관관계를 가지고 있는 것은 아닐까? 등등 신의 세계를 기웃거리며 관심의 눈초리를 보내기 시작했다.

그러던 어느 날 부처님이라고 모셔놓고 점을 보는 보살, 그 보살이 모시고 있는 신이 어떤 역할을 하고 있는지를 보게 되었다. 참으로 다행스럽고 고마웠다.

그 후 나는 삼각산 승가사에만 열심히 다녔다. 처음 3~4개월은 초하루, 보름을 하루도 거르지 않고 축원카드도 없이 열심히 다녔다. 석불 전에 인등을 켜고 그렇게 말이다. '스님들이 내 기도를 해 주시는 것이 아니고 내 기도는 바로 나만이 하는 것이다'라는 생각이 들어서 카드를 만들지 않았던 것이다.

비가 억수같이 쏟아져 앞이 안 보여도 산속에서 홀로 남자들을 만나도 하나도 두렵지가 않았다. 3~4개월 후에는 초하루 날만 갔고 또 몇 개월이 지나니 초하루고 초사흘이고, 초닷새고를 아랑곳하지 않는 여유가 생겼다.

경전을 공부해야 한다는 생각이 났다. 매주 화요일 삼선포교원에 경전 강의를 들으러 다녔다. 이렇게 나의 신앙생활은 싹이 텄고 또 틀이 잡혀갔다.

인고의 시절

네 칸 마루에 깔 스킬자수를 뜨면서

승가사에 열심히 다니고 삼선포교원에 경전 강의를 들으러 다니는 한편, 집에 있는 날은 마음과 몸을 한곳으로 모으기 위해 네 칸 마루에 깔 스킬자수(양탄자)를 뜨기 시작했다.

지금은 5시, 아직은 어둠이 가시지 않은 새벽. 아침식사를 준비하면서 이 방 저 방 식구들을 깨운다. 이렇게 하여 식구들이 모두 제 일터를 찾아 떠난 후 청소며 빨래며 이것저것 가사일을 마치고 나면 9시경이 된다.

'반야심경' 테이프를 틀어 놓고 반복 또 반복을 해 가면서 스킬자수를 뜬다.

앉아서 하는 일이 다 그러하듯 어깨며 허리며 다리가 아프다. 하지만 무엇인가 해야 하는 목표를 향해 몸도 마음도 묶을 수 있어 참으로 다행한 일이다. 초3일이면 언제나 고사를 지냈다.

새벽 1~2시경에 남들이 이상한 눈으로 볼 것 같아 집안 식구들도 잠든 사이 혼자서 고사를 지냈다.

그런데 어느 누구인가 참으로 희한하게 '관세음보살' 명호를 하루 천 번씩을 불러 보라고 일러주었다.

그러는 것이 무엇인지는 전혀 생각해 보려고도 하지 않은 채, 옳은 일인지, 그른 일인지? 그렇게 하면 무엇이 어떻게 달라지는지? 가늠해 보지도 않고 준비된 염주도 없이 무작정 따라 했다.

손가락을 꼽아가며 새벽잠이 깨자마자 잠자리에 일어나 앉아 '관세음보살' 명호를 천 번을 헤아리며 찾았다.

이것이 바로 '관음주력'임을 안 것은 몇 해가 지난 후였다. 이렇게 관음주력을 한지 5일 쯤에 '관세음보살'을 한 백번쯤 불렀을까? 이상한 일이 전개되었다.

천정으로부터 새털처럼 가볍게 가부좌를 한 채 내 왼쪽 무릎 앞에 나를 향해 내려앉은 스님인지? 보살인지가 계셨다. 바로 그 뒤에는 키가 구척장신이라 천정까지 닿을 듯 하고 깎은 머리는 수북하게 자라 있었으며 회색 동저고리 바지를 입었으며 회색 양말에 대님을 매고 금방이라도 누구를 요절을 낼 자세로 삐쭉하고 투둘거리는 육모방망이를 든 건장한 남자가 서 있어 마치 절 입구에 사천왕상을 연상케 했다.

스님인가 보살인가 하는 분의 모습이 동글납작한 하얀 얼굴에 파르라니 깎은 머리하고 가사 장삼을 갖추어 입으신 품이 너무나 깨끗하고 성스럽고 아름답다. 그리고 알 수 없는 향기가 났다.

순간 나는 내 모습을 돌아보게 되었다. 세수는 물론 잠옷조차도 벗지 않은 내가 부끄러워 얼른 일어나 세면장에 가서 세수를 하고 아침 식사 준비를 했다. 그런데 그분은 세면장(화장실 겸)에 있을 때는 문 밖에서, 식사 준비를 할 때는 내 왼쪽에서 나를 지켜보신다. 스님들과 같은 동저고리 차림에 고깔모자를 쓰고…

식구들을 다 일터로 보내 놓고 안방에 앉아 언제나처럼 '천수경' '반야심경' '관세음보살 천주력' '금강경'을 읽고 108배를 하는 동안 그분은 마루며 주방 천정을 바라보시며 돌고 계시더니 없어지셨다. 그런데 안방 아랫목에는 전에 없이 시커먼 바윗돌인지? 육중한 사람인지?가 앉아 있다. 그 다음날 같은 시간(9~10시) 마루, 주방, 지하실을 돌고, 또 그 다음날은 대문으로부터 현관 계단을 올라 왔다.

이렇게 연 3일을 보인 후 사라졌다. 그런데 그러한 모습들을 보면서 하나도 두려운 마음이 없었음이 참으로 이상했다.

그 후로 나는 몸이 가볍고 상쾌하며 항상 몸이 오싹오싹 소름이 끼치며 이상했던 증세가 깨끗하게 없어졌다. '관세음보살'님의 가피라고 믿어 감사했으며 이로해서 신앙의 깊이가 더 해 가는 듯 싶었다.

'도道' 책을 읽다

어느 날 나는 김정빈 씨가 쓴 『단丹』이라는 소설을 읽었다. 단전호흡을 통한 수련으로 초능력을 갖게 된 도인道人에 대한 이야기였다.

다음으로 또 다른 道人의 일대기를 『도道』라는 제목으로 쓰겠노라는 『단丹』의 끝자리에 예고되었음을 보았다. 많은 기대를 가지고 『도道』 책이 나오기를 고대하였다.

어느만큼의 세월이 흐른 후 나는 그 책을 손에 넣을 수 있었다. 책을 편지 하룻만에 완독하였다.

정말 사람이 이렇게도 살 수가 있는 것일까? 경이로운 마음으로 확인을 하고 싶어졌다. 마침 멀지 않은 곳인 안양시 관악역 앞에 주석을 하고 계신단다.

1985년 12월 9일 드디어 안양시 관악역 앞에 있는 '한마음선원' 본원을 찾게 되었다. 때마침 내린 눈이 온 천지에 하얗게 덮여 있었고 청명한 날씨에 햇빛이 눈부시게 쏟아져 내리는 오전 10시경 신도 안내실에 들었다.

이제열 법사(얼마 후에 안 일이지만)의 안내를 받아 법당에 올라 예를 올리고 큰스님을 찾았다. 조그마한 방으로 안내를 받아 기다리고 있으려니까 스님 한 분이 나오셨다. '혜원' 스님이라고 하신다.

스님께 큰스님 뵙기를 청하니, 스님께선 출타하셨다고 하신다. 3일 후에나 오신다는 말씀이시다. 그냥 일어서 나오려고 했다.

그런데 혜원 스님께선 계속 이야기를 하신다. 일어설 수가 없는 것은 말할 것도 없고 처음 뵙는 스님께 그동안 경험한 많은 이야기들을 서슴없이 털어놓았다.

거의 10년 정도 절에 다녔지만 어느 스님과도 마주하여 공식적인 이야기 외에 사적인 이야기를 털어놓은 적은 없었다.

법명을 기억하는 스님조차 몇 분 없었던 내가 말이다. 젊고 아름다운 심안(유정 엄마) 보살이 들어왔다. 점심 공양을 하러 가자고 팔장을 끼며 공양간으로 끌어 안내를 한다. 처음 보는 나에게 참으로 친절하다. 너무나 고마웠지만 한편으론 당혹스러웠다.

이 절에 단돈 10원도 시주한 일이 없는데 공양은 무슨 공양이야! 하는 마음이 있었기 때문이다. 마지못해 끌려가면서 '나중에 하면 되지 않아' 하는 생각이 났다. 마음이 가벼워졌다.

많은 사람들이 공양간에 들어 일을 하고 있었다. 참으로 푸근한 정경이었다. 마음이 흐뭇하다.

내가 바로 관세음보살

선원을 처음으로 찾았던 바로 그날(1985년 12월 9일) 선원에서 점심 공양을 마치고 수원 시댁을 가기 위해 관악역 앞에서 3번 버스를 탔다.

하얗게 단장을 한 산야를 바라보며 어서 3일이 지나 대행스님을 만나뵈었으면…, 어떻게 생기셨을까? 잠시 생각이 스쳐갔다. 차가운 공기를 느끼면서 파란 하늘 아래 눈 덮인 산야에 무심히 시선이 꽂힌다.

바로 그때였다. 내 가슴 속에서 무엇인가 꿈틀하는 듯 하더니 '내가 바로 관세음보살'이라는 것이다. 이 세상 에 나와 처음 맛보는 기이한 일이었다.

온 세상을 구원해 주시는 분이라고 알고 있는 '관세음 보살'이 바로 '나'라니 이건 정말 믿기지도, 아니 믿을 수도 없는 정말 묘한 사건 중에 사건이었다.

무엇인지는 모르지만 하여간 나쁜 마음은 아니었다. 그렇다고 좋은 마음도 ,안 좋은 마음도 아니면서 참으로 표현할 수 없는 이런 감정은 처음이다.

주체할 수 없는 눈물 속에 얼마나 지났을까? 시댁 부근임에 흠칫 놀라 정신이 들었다.

3일이 지나 선원에 갔다. '대행' 큰스님이란 분이 11시 좀 넘어서 법문을 하시기 위해 조그마한 선실로 들어오셨다.

작달막한 키에 하얀 피부 동글한 얼굴, 유난히도 통통하고 하얀 손, 마치 내 친정어머니와 같은 평범한 분위기셨다. '한마음선가'를 부른다. 노랫말이 내 마음을 감격시켰다. 눈물이 주르르 흘러내린다. 바로 이것이다.

이 자리에 오기 위해 그 많은 세월을 헤매 돌았구나 하는 생각에 주체할 수 없이 흐르고 또 흐르곤 했다. 지금까지 들어보지 못했던 법문을 하신다.

매끄럽게 다듬어지거나 유식한 말씀은 아니더라도 이상한 힘이 넘친다. '심주心住' 한마음을 찾으라고 하신다. '심주'가 무엇이고 한마음이 무엇인지? 전혀 감이 잡히지 않지만 무조건 수긍이 갔고 또 좋았다.

눈물을 흘리게 했던 노랫말을 적어본다.

한마음선원가

한마음 있으니 우주가 열리고 광명이 솟네

부처님 나시기 전에 한마음 있어

신령하고 오묘한 조화 닦고 밝혀서

영겁에 복락을 이루어보세

찰나에 지혜 이룰 생명의 도량

우리 다 모이자 한마음선원

한마음 열리니 삼라만상 꽃이 피고

부처님 말씀은 영원한 진리

그 말씀 믿고 따라 반야 이루고

평화에 극락정토 이루어 보세

찰나에 지혜 이룰 생명의 도량

우리 다 모이자 한마음선원

마음의 불씨

동그랗게 텅- 빈 마음속에

한- 점 영원한 불씨가 있어

아- 간절하게 나를 이끄는

조촐한 등불 하나 고이 켜들다

이 등불 켜들고 세상 밝히며

가없는 자비의 길 걸어가리니

깊고 깊어 미묘한 한마음 속에

일체를 싸안는 원리가 있어

아- 지극하게 중생 살리는

진실의 눈물의 흰 샘이 흐른다

이- 샘물 마시고 생사 넘어서

모습 없는 진리의 길 함께 가리니

선종 관문 알아보세

일체는 한마음이 근원되어 생겼어라
부처 중생 같이 있고 천지만물 둘 아닌데
어리석은 사람들은 바깥 경계 끄달려서
삿된 길에 빠져들어 스스로가 괴롬 받네
몸 벗기 전 정신 차려 길 아닌 길 자유롭게
만 가지 법 만 가지 행 향운공을 양식하여
선종 관문 알아보세, 선종 관문 알아보세

일체는 한마음이 나투어서 이뤘어라
극락세계 여기 있고 남녀성품 평등한데
분별심을 갖는다면 공한 이치 어찌 알랴
인생은 태어나면 창살 아닌 창살 속을
벗어나지 못하면서 목숨 다 해 끌려가네
자기라는 고정관념 빗장문을 뛰어 넘어
선종 관문 알아보세, 선종 관문 알아보세

구구절절 가슴이 저리도록 스며든다.

한마음에 있어 그 한마음이 무엇이고 어떻게 생겼는지
는 알 수 없지만 하여간 한마음이 있어 세상이 열리고
광명이 솟았으며 삼라만상의 활동이 있어진다는 법문
의 말씀은 물론 그 씨앗이 바로 내 가슴에 불씨로, 흰
샘으로 이어져 시작도 끝도 없이 화하여 돌며 영원한
불꽃으로, 흰 샘으로 흐르고 있음을 찾고 깨닫고 닦아
서 부처를 이루도록 하자는 이 말씀은 참으로 내가 이
세상에 태어났고 지금까지 살아 있음을 고마워하기에
충분했으며, 이 스님을 뵙기 위해 이곳에 발을 들여놓
은 1985년 12월 9일은 세세생생 축복의 날로 기억될
것이다.

스님께 호된 꾸지람을 듣다

스님을 찾은 그때 그 무렵, 남편이 머리가 많이 아프다고 공부하던 책도 덮고 병원을 찾았지만 신경성이라는 말뿐 목운동을 많이 하라는 이야기가 전부였다.

그러던 중 『도道』 책 중에서 대행 큰스님은 간질병을 비롯 불치의 병도 헤아릴 수 없이 많이 고치셨다고 김정빈 씨는 쓰고 있다. 그것도 환자 한 번, 보호자 얼굴 한 번 보지 않으시고 말이다.

나도 스님께 남편의 병을 고쳐주십사 하고 말씀 올렸다. 내 음성이 본래 작은 편이라 잘못 들으실까 걱정스러워 스님 앞으로 좀 더 다가앉으면서 말씀드렸다.

그때였다. 다른 신도분들의 말씀은 다정하게 경청하시던 스님이 갑자기 화를 내신다.

"왜 가까이 오면서 이래, 저 만치 떨어져 앉아, 그리고 그 안에(내 가슴을 가리키시며) 나도 들어 있다고 했는데 왜 날보고 병을 고치래 내가 의사야? 내가 의사냐구?" 하시면서 벽력같이 호통을 치신다.

"그래도 저는 스님의 도움을 받고 싶습니다" 했다.

여전히 스님께선 "그래도 또 그런 소릴 하네" 하시면서 꾸중을 하신다.

많은 사람들 앞에서 쥐구멍이라도 찾아들고 싶은 심정이어야 하는데, 이상한 일이었다. 창피한 것인지, 당혹스러움인지 알 수가 없다.

멍청하다. 한편 시원한 느낌도 들었다. 잠시 후 스님께서는 "하긴 며칠 되지 않았으니 그럴 수도 있지" 하신다. 며칠 되지 않았음도 아시면서 그렇게 호통을 치신 것이다.

이렇게 해서 스님과 나와의 첫 대화는 꾸중으로부터 시작되었다.

아들의 졸업식에 참석치 못하고

1986년 아들 동은이가 고등학교를 졸업했다. 구로동에서 초·중·고를 다 마치는 것이다.

나는 졸업식에 참석하지를 못했다. 환자가 되어 병상에 누워있어야 했기 때문이다.

졸업식을 2~3일 앞두고 교통사고가 났다.

103-1번 안양행 버스를 탔다. 아침 7시 30분경 수원시댁을 가기 위해서다. 내일이 시아버님 생신이기 때문에 동네분들을 모실 준비를 하기 위해서다. 500m나 갔을까? 교차로에 이르러 버스가 갑자기 급정거를 했다. 왼쪽 가슴을 펼 수가 없는 것은 그렇다 쳐도 숨을 쉴 수 없음은 참을 수가 없었다. 경찰이 왔다. 고대 구로병원 응급실로 안내 되었다.

복잡하다는 이유로 큰 병원을 꺼리는 경찰의 만류를 무릅쓰고 동생이 있는 병원을 택한 것이다.

9시나 되어야 출근을 할 거라고 생각했던 동생이 이미 나와 대기하듯 있었다. 수속이며 절차는 나중이고 우선 검사부터 시작했다.

역시 아는 사람이 있어 빠르고 편리했다. 갈비뼈가 두 개 금이 갔다고 한다. 입원을 해야 한다고 한다. 누가 내 병실을 지켜 시중을 들어줄 것인지? 주변을 살펴 사람을 찾았다. 졸업 전 잠시 쉬고 있는 아들을 불러 내야 하겠는데 놀랄 것이 두렵다.

구로소방서 앞에 살고 있던 친구 심행자(미경 엄마)씨를 부르기로 마음을 정했다.

아침 이른 시간이라 사람들은 쉽게 연결되었다. 가족보다 친구가 편할 때도 있음을 감사하면서 "미경아! 나 지금 병원에 있는데 나 좀 도와주라 동은이를 부를 건데 그 애가 오기 전에 잠시만…." 그래도 친구가 아들보다는 덜 놀라고 당황해 할 것 같아서다.

병원 이모가 오란다고 병실로 오라는 전화를 부탁했다. 눕고 일어나지를 못해 사람을 놓을 수가 없었다.

저녁 때가 되어서야 일을 마친 기사가 병문안을 왔다. 죄송하다며 완전할 때까지 치료를 잘 하라고 한다.

기사님이 측은해진다. 나 때문에 난처한 입장이 되었겠구나 싶어서였다. 그러면서 그의 직장생활에 문제가 생기지 말아야 할 텐데 하는 생각이 든다.

"죄송해요. 아저씨 마음 불편하게 해드려서…."

입원한지 3일째 쯤 되었을까? 병실에 보호자가 없었다. 소변이 보고 싶다. 참을 때까지 참았지만 동은이도 간호사도 오지 않는다. 2인실에 홀로 누운 나는 누구도 만날 수가 없다.

그런데 이상한 일이 일어났다. 체온기가 저만치 바닥에 떨어져 있는 것이다. 물론 현실 아닌 그냥 그렇게 보인 것이지만 무슨 뜻일까? 일어날 수 있다는 뜻일까? 일어나도 될 수 있으리만치 좋아졌다는 뜻인 듯싶다.

일어나고자 이렇게도 저렇게도 몸을 움직여보지만 일어나지질 않는다. 포기하지 않고 계속 노력했다.

한 20분 정도는 헤매인 듯싶다. 순간 몸이 일으켜진다. 동은이가 일으켜 줄 때 보다도 덜 아프다. 몸 또한 가볍다. 이렇게 해서 내 스스로 몸을 움직일 수 있게 되었다.

나와는 먼 신문지상의 일로만 보아왔던 교통사고를 당하고 치료를 받으면서 참으로 절묘하다는 생각이 든다.

사고가 나기 며칠 전 가슴이 갑자기 서늘해짐을 느꼈다. 마음공부 한다는 것이 공연히 두렵다는 생각이 든다. 이런 느낌은 왜 일까?

이때 이미 사고는 예고되었던 듯 싶다. 올바로 관할

줄만 알았다면 이런 일은 없었을텐데…. 하지만 나는 무엇이 무엇인지 갈팡질팡 감을 잡지 못하고 하려고만 애를 쓰고 있었다.

이 사건은 꼭 각본에 짜여져 일어난 듯 절묘하다. 시아버님의 생신 차례를 위한 나들이에서 생긴 사건이므로 누구도 나를 꾸짖을 수가 없었고, 출근시간도 아닌 이른 시간에 동생을 대기시킨 듯했고 집에서 가까워 보호자의 편의를 도모했고, 버스기사는 보험처리를 하니 기사도, 회사도, 보험사도 참으로 아무도 시간적으로나 공간적으로나 경제적으로나 손해를 입은 사람이 없다는 생각이 든다.

제각기 자기 자리에서 조용히 일을 했을 뿐이다. 나 또한 색다른 체험을 했다.

병실을 비우고 체온기를 던져놓고 급하게 보고 싶은 소변을 통해서 의지하려던 마음을 돌려 자기 의지로써 몸을 다스리도록 한 점 등등이 너무도 고맙고 경이로웠다.

그 가운데서도 붙들어야 할 것이 무엇이고 놓아야 할 것이 무엇인지를 확실히 알고 어떻게 놓아야 하는 것인지를 명확하게 할 수 있게 했다는 점이 참으로 고마웠다.

그 무렵 심주 한마음을 찾아라, 붙들어라, 한마음 자리에 하나가 되도록 놓고 맡겨라 하시지만 난 건성이었다. 하나됨이 어떤 것이고 둘이 어떤 것인지 말이다.

퇴원 후 한 10여일 외출을 자제하다가 선원에 갔다.

큰스님을 뵈었다.

"왜 꼭 붙들지 그랬어!" 하신다.

"넘어질까봐 꼭 잡았지요. 그런데 차가 급정거하는 바람에…." 대답을 하고 있는데

'아니 그걸 말씀하시는 것이 아니구나, 그걸 붙들라고 하시는 게 아니고….' 그런 생각이 났다.

"스님 저는 아직 놓는 방법을 모릅니다." 하면서 그동안 해왔던 대로 말씀 올리니,

"그렇게 했으니까 그런 일이 일어나지, 그렇게 하면 셋도 되고 열도 되겠다." 하신다.

이 사건을 통해서 놓고 맡김에 하나가 되도록 신경을 집중하는 한편 맡겼다 빼앗았다를 반복, 하나 됨이 어떤 것인지에 온 마음을 쏟으며 공부를 하게 되었다.

그러고 보니 교통사고가 사고가 아닌 교육의 방편이었음을 알고 감사하고 또 감사할 밖에….

부처님 오신 3,000년 전이 바로 오늘이고

한마음선원을 찾은지 한 5개월 쯤 지나서 석가탄신일이 되었다. 이곳에 와서 처음 맞는 '석탄절釋誕節'이다. 일주문 입구 양쪽으로 현수막이 길게 드리워져 있다.

'부처님 오신 삼천년 전이 바로 오늘일세'하고 쓰여져 있다. 그 글귀를 보는 순간 나는 '왜? 어떻게 해서 3,000년 전이 바로 오늘일 수가 있어?' 하는 의문의 소리가 입 밖으로 튀어나왔다.

그 후로 그 글귀가 가끔 생각이 났다. 그때마다 '왜지? 왜 그렇지?' 하면서 마음을 향해 의문일지 질문일지를 던지게 되었다.

그럭저럭 한 2개월의 세월이 흘러 음력 6월 하순경이 되었다. 쌀을 한 가마 시주를 해야겠다는 생각이 들었다.

칠월 초하룻날 할까? 회향날인 초사흗날 할까?

그러고 보니 7월은 행사가 참으로 많은 달이었다. 아니 칠월 칠석날 하면 더 좋지 않겠나? 아니 '동은'이 생일인 11일 할까? 아니 아니 이 날도 저 날도 아닌 칠월 보름 '백중날' 온 우주 법계를 떠도는 일체의 고혼들과 조상님들과 더불어 산 사람들이 함께 공양을 할 수 있는 이 날이 좋겠지? 하면서 좀 더 의미 있는 날을 고르고 있는데 홀연히 마음 가운데에서 한 생각이 솟아올랐다.

'초하루 보름이 따로 있나? 생각 난 그날이 바로 초하루고 보름이지' 하는 것이다. 그 순간 아- 그래서 삼천년 전 부처님 나신 날이 바로 오늘이구나! 이렇게 해서 부처님 나신 삼천년 전이 바로 오늘이라는 글귀의 뜻을 알게 되었다.

초하루다 보름이다 무슨 날이다 하는 것도 모두가 사람들이 생활의 편리를 위해 의미를 부여해서 지어놓은 이름일 뿐, 본래로 있는 것이 아님을 새삼스레 알게 되니, 인간사가 새로운 눈으로 보이는 듯 싶어진다.

'심주어법心住於法 심주어상心住於相'이란 화두를 들다

나는 어렸을 때부터 몸이 불편하다 싶으면 우선 기침부터 났다. 오늘도 예외 없이 기침이 쏟아져 나온다.

감당키 어렵다. 괴로움도 괴로움이지만 주변 사람들의 시끄럽고 불편스러운 마음을 보면 미안하고 죄스러운 마음을 어떻게 해야 할지, 아무도 없는 곳으로 숨어버리고 싶다.

급기야 열이 나기 시작하더니 온몸이 춥고 떨리기 시작한다. 부랴부랴 집으로 돌아온 나는 따뜻한 방을 찾아 이불을 쓰고 누웠다.

두 장 씩이나 덮어도 춥기는 마찬가지, 이불까지 들썩이는 듯 느껴진다.

그러는 와중 한 찰나에 느낌이랄지? 앎이랄지 모르는 말 '심주어법心住於法 심주어상心住於相'이라는 한 생각(글귀)이 떠올랐다. 이상하다 그렇게 춥고 떨리던 몸이 편안해진 것이다.

말소리가 들리는 것도 글자가 보이는 것도 아니면서 그냥 알아진 이 글귀, 이것이 무엇일꼬? 아무리 입속으로 중얼거리며 생각하고 또 생각해 보았지만 알 수가 없다. 답답하다. 공부를 많이 했다고 하는 한 보살에게 물어보았다.

"심주가 법이고 상이라는데, 법은 무엇이고 상은 또 무엇이지요?"

하지만 그분의 대답은 "그래요?!" 딱 한마디 뿐 도움을 주지 않는다.

다음은 '혜원' 스님(한마음선원 본원 주지스님 역임, 2017년 8월 21일 입적)께 여쭈었다.

"스님! 심주가 법이고 상이라는데 이게 무슨 뜻이지요?"

"그래요? 정말 이건 진짜 화두네." 하실 뿐 뜻을 말씀해 주시지 않으신다. 할 수 없이 큰스님께 여쭈어 보아야겠다고 마음먹었다.

그러던 어느 날 큰스님께서 법문을 하시기 위해 작은 선실에 드셨다. 법문이 끝난 후 스님 앞에 나아가 질문을 올렸다.

"스님! '심주어법 심주어상'이라는데, 이게 무슨 뜻이지요?" 했다.

못 들으신 듯 가만히 계셨다.

"지금 무어라고 했소?" 하신다.

나는 다시 "'심주어법 심주어상'이라고 하는데, 이게 무슨 뜻인지 알고 싶어 여쭈었습니다." 했다.

그랬더니 스님께서는 고개를 끄덕하시면서

"그렇지 그래…." 하시곤 별 말씀이 없으시다.

역시 뜻을 알 수가 없었다. 답답함만 더 했을 뿐이었다. 그러나 순간순간 '이 말이 무슨 뜻일까?' 하는 의문이 온몸으로 솟구쳐 오르곤 했다.

'법'은 무엇이고 '상'은 또 무엇이란 말인가? 아무리 머리를 짜고 생각을 해 보지만 알 수가 없다.

한 보름 쯤 지났을까? 그 날은 유난히도 잠이 쏟아져 TV를 보는 식구들 틈에 끼어 초저녁부터 깊은 잠에 빠졌다.

문득 깨어보니 자정이 조금 넘어선 때였다.

'상'이 생각났다. 만물이 과거 생에서 습관들여졌던 일, 기뻤거나, 슬펐거나, 억울했거나, 섭섭했거나, 고마웠거나, 힘들었거나 할 것 없이 매 순간 순간 느껴 지나면서 그 상대와 더불어 감정의 앙금들이 저 깊은 밑바닥에 가라앉아 완전히 다 잊은 줄 알지만 저 밑바닥 알 수 없는 깊은 곳에 씨앗으로 저장되어 있다가 물론 생활 속에 익혀진 습까지도, 어느 한순간 인연이 맞아 떨어지면 어김없이 발아가 되고 성장하고 열매를 맺는다.

이것을 '상'이라고 하는데 바로 이것 때문에 천태만상의 모습이 나타났으며 사람의 얼굴과 모습 그리고 마음씀과 길흉화복이 천태만상인 것도 바로 이 '상' 때문이라는 것이다.

우주 법계의 만물 만생은 자기가 지어놓은 대로 펼치고 받고 또 펼치고 받고를 되풀이 하면서 살아간다는 것이다. 이것이 바로 '삶'이란 것이다.

그러니 누구를 탓할 것도 받을 것도 줄 것도 없이 그냥 지은대로 펼치고 걷우고 펼치고 걷우고 하는 것이 바로 생명의 실상인 것이다. 이 씨앗이 바로 '업'이고 '상'이라고 한다.

한 순간에 인간사가 환하게 보이는 듯 시원함이 느껴진다. 하지만 두렵고 떨린다. 말 한마디 행동 하나 하나가 너무 조심스럽다. 새삼 옷깃을 여미지 않을 수 없다.

그렇다면 '법'은 또 무엇일까? 짧은 지식이나마 총 동원, '법'이란 무엇일까를 풀어본다. 알 듯 알 듯 하지만 막막하기만 하다.

어느 날은 밤을 새워 씨름을 하지만 막막하기만 더할

뿐이다.

그렇게 한 7개월 정도의 세월이 흐른 어느 날 아침 열시 경, 식구들이 제각기 일터로 떠나간 후 집안일을 적당히 정리하고 난 조용한 시간이다.

도심 속에 절집 같은 고요함이 어제처럼 그제처럼 이어져갔다. 방안에 공기도 무거운 듯 머무는 듯 흐르는 듯하다. 마음의 여유가 생겼다.

여느 때와 마찬가지로 습관처럼 침대 머리맡에 던져두었던 『무無』 책을 펼쳤다. 손닿는 대로 몇 페이지를 펼치겠다는 생각도 없이 어딘가 펼치는 순간, 바로 그 순간, 내 참모습을 본 것이다.

커다란 항아리(내 몸) 속 저 밑바닥에 실로 씨앗만한 작은 내가 뚜렷하게 앉아 있다.

머리를 들어 위를 보니 뚜껑이 열려 있다. 그 사이로 허공이 동그란 허공이, 색깔도 냄새도 없는 허공이 보였다.

허공이라는 것이 감지도 채 될 듯 말 듯 한 찰나, 정말 찰나라는 시간을 나눌 수만 있다면 몇 천분의 일의 찰나에 항아리도 나도 몽땅 없어지고 주변은 온통 허공뿐이다.

순간 色卽是空 空卽是色이란 반야심경의 구절이 떠올랐다. 정말 이 몸이 실로 있는 것도 아니고 그렇다고 없는 것도 아니구나.

무엇이 있어 그 많은 세월을 나라는 것에 집착해서 살아 왔던고. 이렇게 아무것도 없는 그냥 허공뿐인 것을….

허탈했다. 너무도 허탈하다.

눈물이 하염없이 쏟아져 내린다. 무엇 때문에, 무엇을 위해 흐르는 눈물인지 알 수가 없다.

그냥 하염없이 흐느끼면서 눈물을 흘린다. 몇 시간이나 울었을까? 가슴이 시원하다. 막혔던 하수구가 뻥 뚫린 듯이 시원하다.

온 세상이 텅 비었다. 무엇이 있어 잡으려 할 것인가? 잡아야 할 것이 없다 보니 성낼 일도 괴로운 일도, 미워할 일도 좋아할 일도 없다. 부모도 자식도 남편도 나까지도 모두 놓아지고 만다.

나(이 물건)

죽은 것도 아닌 것이
산 것도 아닌 것이

하늘을 이고
땅을 디뎌
우뚝

힘이 되고 빛이 되고
뚜렷이
참
인간 기둥이 되어

하늘과 땅을 꿰고
조상과 자손을 꿰고
돌과 나무와 짐승 병균까지도
하나로 꿰어
감아 돌리면서

모두가
내가 되고 또
네가 되어서

아-
산다고 할 것도
죽는다고 할 것도 아닌 것이

힘이 되고
빛이 되고
봄과 겨울을
다듬고 만지면서

슬픔도 아픔도
사랑도 미움도 즐거움도
높은 것도 낮은 것도
버무리고

더럽고 깨끗함도
잘나고 못남도
버무려

한 입에 꿀꺽
눈 한 번 껌뻑하니

땅도 아닌 하늘도 아닌

내도 아닌

네도 아닌
그냥

이대로
빛이고 힘인 줄을 알아

시작도 끝도 없이
영원히 영원히 …

맡기고 자시고 할 것도 없는 자리

하지만 무엇인가 열심히 찾으면서 공부를 해야 한다는 마음은 어제나 다를 바가 없었다. 그래서 생각나는 모든 것, 닥치는 모든 경계를 다 그 근본자리에 맡기면서 나를 죽이는 작업을 계속했다. 뚜렷이 본래 내가 없음을 보았기에 맡기고 놓는 일이 조금은 현실적으로 수월했다.

수십년 살아 온 생활의 습襲이 하루아침에 몽땅 떨어질 수가 있겠는가? 부지런히 '모두는 다 그 자리의 나툼이다' 하고(사실이 그러하고) 짐짓 생각을 내고 또 모았다. 지금까지의 생활 속에 주인의 의식이 희미해지고 결국은 지워지도록 노력을 하는 것이다.

그러던 어느 날 내 마음(가슴) 속에서 무엇인가 불쑥 솟는 듯, 일어나는 듯 하면서 맡기고 자시고 할 것도 없다는 것이다. 이게 무슨 소리야! 큰스님께서 '항상 모든 것을 올라오기 이전 자리에 되놓고 지켜보라'고 하셨는데…. 또 한 번 감격의 순간이 왔다. 나라는 존재 자체가 내가 아닌 지금까지 나라고 알아왔던 내가

바로 불佛자리였다. 인간의 삶이 그대로 불자리의 나
툼이고 속세의 업인으로 하여 연을 맺고 펼치고 푸는
과정이라는 것을 알게 되었다. 참으로 맡기고 자시고
할 문제가 아니었다.

법法과 상相이 어우러져 만들었고 또 펼치고 정리하는
과정일 뿐인 것을, 싫다 좋다 기쁘다 슬프다 미웁다
곱다라는 말이 모두 말일 뿐 실체가 있는 것이 아님을
알게 되었다. 모두가 뜬 구름(마음) 잡는 일이 아닌가?
하지만 엄연히 꽉 차서 돌아가는 현실을 보면서 항상
벽에 걸어두고 읽어보곤 하던 짧은 족자 위의 글귀가
생각났다.

나를 훼손하려 한들
내 어찌 훼손됨이 있겠으며
나를 명예롭게 한들
내 어찌 더함이 있으리요

돌아가
동산 아래 누웠노라면
밝은 달은
빈 뜰을 가득 채워 주노라.

내가 없음을 그대로 불佛자리의 여실한 나툼임을 보여
준 글이다. 실로 없는 것도 아니고 그렇다고 있는 것
은 더더욱 아닌. 실로 색즉시공色卽是空 공즉시색空卽
是色의 의미가 실감이 난다.

3일간의 천야정진

어느 따뜻한 봄날 예불이 끝나 집으로 가기 위해 걸었다. 나를 지극하게 따랐던 배윤호라는 청년과 더불어 나란히 걷고 있었다.

어려서 뇌막염을 앓았다는 그 청년은 참으로 심성이 곱고 착한 청년이었지만 항상 몸이 부실하다. 다리가 힘이 없고 게다가 자그마한 소리에도 놀라 주저앉곤 하는 어려움이 있었다. 그런 그가 안쓰러워 어떻게 해서라도 힘 있는 몸이 될 수 있도록 돕고 싶었다. 기회가 있을 때마다 스님 앞에 나아가 그 청년의 이야기를 했고 잘 이끌어 주시도록 간곡히 부탁 말씀을 올리곤 했다.

그날도 여느 날과 다름없이 예불을 마치고 돌아가던 중이었다. 갑자기 내 마음이 답답해졌다. 그 청년이 지금도 주인공을 믿지 못하고 있는 것 같아서였다.

"윤호야! 아직도 주인공이 믿어지지 않니?"

윤호는 웃기만 한다.

"체험이 있어야 믿기가 수월할 텐데…, 법당에 들어한 3일 철야정진을 해 보렴…."

여전히 웃기만 한다.

해보고 싶은 마음이 있다는 뜻인지 없다는 뜻인지 그 웃음의 뜻을 알 수가 없다. 한동안 침묵이 흘렀다.

그렇게 얼마를 걸었을까? 갑자기 놀라운 사실을 발견한 것이다. 그 말은 그 청년에게 한 말이 아니라 바로 나 아닌 내가 나에게 한 말이었다.

이렇게 너와 내가 하나임을 현실 속에 체험하면서 이때부터 고민은 시작되었다.

두 남매와 남편의 뒷바라지를 해야 하는 나는 새벽밥을 지어야 하고 가사일을 돌봐야 하기 때문에 시간을 골라야 했다. 언제라야 3일 철야를 할 수 있을까 하고 열심히 시간을 고르고 있었다.

그러던 중 또 다시 나 아닌 내가 '선원의 법당만 법당이냐? 이 몸뚱이가 이대로 법당인 것을' 하는 것이 아닌가. 이로써 이 몸뚱이가 바로 내 부처님의 법당이니 이 몸이 있는 곳이면 어디서고 부처님과 함께 하고 있음을 알게 되었다.

또한 성경 가운데 한 구절 '내가 곧 진리요 길이다.'라는 말과 다르지 않음을 알게 되면서 기독교와 불교가 둘이 아닌 하나임을 체득하게 되었다. 그리하여 자나 깨나, 가나 오나, 앉으나 서나, 화장실에 있건, 안방에 있건 24시간 정진이고 어떤 일을 하건 부처님께서 하시는 불사이자 수행임을 알고 다시 한 번 감격의 눈물을 흘리지 않을 수 없었다.

계란과 닭의 선후를 알고

1987년 가을 아시안게임이 있던 때였다. 비 바람이 사납게 몰아치면서 가로수를 뿌리째 뽑아 넘기며 기승을 부릴 때였다.

아들은 설악산 등반을 하겠다고 했다. 날씨는 사나웠으나 가벼운 마음으로 흔쾌히 허락을 했다.

그 후 얼마 안 되어 아들은 다시 설악산 등반을 하겠다고 짐을 꾸린다. 왠일인지 마음이 무겁다.

"다른 데를 가지, 갔던 곳엘 뭘 또 가니? 못 가본 데도 많은데 다른 곳으로 가면 어떨까?"라고 말을 했지만, 이미 계획되고 약속된 일이 쉽게 바뀔 리가 없었다. 무거운 마음으로 잘 다녀오도록 허락을 했다.

그런데 몇 시간이 지나지 않아 내 마음이 불안해지기 시작했다. '부처님께서 하시는 일인데 어련할려구! 잘 다녀오는 거야.' 하고 올라온 자리에 대고 편안한 마음이 되도록 놓았다.

그러나 두어 시간도 안 되어 또 불안해진다. '부처님께서 가셨는데 어련하시겠어 잘 다녀오는 거야!'라고 되풀이 되풀이 하며 편안한 마음이기를 노력했다.

오겠다고 약속했던 시간보다 7~8시간이나 지나서야 상봉터미널이라며 무사히 귀경했음을 알려왔다.

"어머니 어디 아프신 덴 없으세요? 자세한 이야기는 집에 가서 할게요."

"알았다." 이렇게 해서 밤늦은 시간에 집에 온 아들은 산행에서 겪었던 일들을 낱낱이 보고 아닌 보고를 했다.

배낭을 지고 100m씩 낭떠러지에 떨어져 나무뿌리에 매달려 구사일생으로 사는 모습도 보았고, 한밤중 구조대원 다섯 사람이서 조난당한 사람을 들것에 싣고 구조하는 모습도 보았고, 같이 갔던 두 사람 모두 익숙하지 못한 산행길이라 여러모로 어려웠었다는 이야기, 밥도 끓이지 못해 보살님들한테서 얻어먹었고 이불이 있었으되 덮을 수가 없어 얼어 죽는 줄 알았다는 이야기, 설상가상으로 밤 사이에 큰 비로 급류로 변한 산골 물을 건널 수가 없었단다.

자일을 매고 건너가는 서울대 미대 학생들의 도움을 받아 가까스로 집에 올 수 있었다는 등등 그때 입은 상처를 내 보이며 설명을 한다.

온 몸이 푸릇푸릇 멍이 들었고 목덜미에는 상처까지

이곳 저곳에 나 있었다. 자일을 매고 건너던 중 돌에 부딪히고 긁힌 자국이라 했다.

어려웠던 상황들은 연상되지만 마음은 고요하다.

마음 가운데 의문이 안개처럼 피어오른다.

왜 그렇게 불안했을까?

이런 어려운 상황들이 벌어지고 있었기 때문일까? 아니면 내 마음이 불안했기 때문에 이런 어려운 일들이 벌어졌던 것일까? 계란이 먼저일까? 닭이 먼저일까? 아무리 생각을 해도 감이 잡히지 않는다.

마침 큰스님을 뵈올 기회가 생겼다.

스님께 여쭈었다. 산에 보낼 때부터 무거웠던 마음, 수시로 불안했던 마음을 다스리느라 애를 썼던 이야기 그동안에 아들이 산행에서 겪었던 모든 고통을 다 보고받았다는 이야기 등을 소상히 말씀드렸다. 다 듣고 나시더니 큰스님께서는 "그래도 집이가 열심히 마음을 관하고 다스렸기 때문에 무사히 집에 올 수 있었어." 하신다.

바로 이것이다. '한 순간도 마음에서 마음의 눈을 떼지 않고 관하고 다스려야 하는 이유가 바로 여기에 있었구나.' 마음을 관하고 다스려가는 바로 이것이 주변에서 일어나는 모든 상황을 잘 다스려가는 작업이라는 것을 알게 되었다.

삼위일체三位一體라는 마음이 된다

선원에 가는 날이면 입구에서부터 많은 신도분들을 만나게 된다. 산사에 가면 일주문을 거쳐 사천왕상 앞을 지나 대웅전으로 가게 된다. 하지만 선원에는 그런 절차가 없이 그냥 사무처 앞을 지나 경내에 들게 되는데 많은 신도분들이 사무처를 지나기 전 입구에 이르러 부처님께 합장 배례를 한다.

한 번은 법당의 부처님께, 한 번은 대행 큰스님께 예를 올린다. 계신 곳을 향하니 그분께 올리는 것이라 믿어진다.

그런데 '이렇게 양쪽으로 예를 올리는 것이 옳은 것일까?' 의문이 일었다. 아울러 10여 년 전 삼각산 승가사를 다닐 때 생각이 떠올랐다.

승가사가 보이는 고개 마루에 이르러 많은 불자들이 이유도 모르는 채 (나도 따라해 보기도 했지만…) 사방에다 대고 합장 배례를 하는 것이다.

눈에 비치는 그 모습은 성스러워 보이기 보다는 이상하게 수용하기 거북한 마음이 들었다. 그러면서 아무

것도 모르기에 그래도 무슨 깊은 뜻이 있지 않을까 하여 그냥 따라서 해 본 것이다.

그 후 많은 세월이 흐른 뒤 그 뜻을 알게 되었다. 동쪽은 부모님 은혜에 감사하는 뜻, 남쪽은 형제자매들에 대한 감사의 뜻, 서쪽은 스승님의 은혜에 감사하는 뜻, 북쪽은 친구·친지들에 대한 감사를, 위쪽은 나보다 윗사람들에게, 아래쪽은 나보다 아래인 사람들의 은혜에 감사하는 뜻의 표현이라고 한다.

참으로 크고 거룩한 뜻이 들어있음을 알고 보니 주변에 보이는 일체의 모습들이 하나도 스승 아님이 없음을 알게 되면서, 되돌아 선원 입구에서의 합장 배례하는 신도분들을 보며 '나는 어떻게 할 것인가? 법당을 향해 한 번으로 할까? 아니면 말을까? 해야 하는 이유가 뭘까?' 하는 순간 내면에서 삼위일체三位一體라는 생각이 떠올랐다. 법당에 부처님과 대행 큰스님과 그리고 내가 세 자리에 각각 있지만 하나라는 것이다.

법당을 향해 예를 올리는 것이 바로 큰스님께, 그리고 내 안의 주처에 올리는 것이라는 것이다.

'어느 때 어느 곳에서 어디를 향해 예를 올린다 해도 그것은 바로 내게 하는 것이요, 동시에 온 법계에 두루 예를 올리는 것이니, 내가 절을 하지만 바로 내가 받는 것이면서 법계 전체가 받는 것이다. 하는 것도 전체가 받는 것도 전체가 한 마디로 한 사이도 받은 사이도 없이 그냥 그렇게 예禮 아닌 예를 올리면서 지극한 마음으로 삶을 사는 것이리라. 어느 한 순간도 없다고 하겠는가? 있다고 하겠는가? 참으로 입은 있으되 없는 것 같이, 몸은 있어 행은 하되 한 사이가 없으니….'

사족임을 알면서도 꼭 알려주고 가야 할 사람이 있어 이렇게 적어본다.

가사 장삼을 지어 드리고

1990년 가을 어느 날이었다. 그날도 어김없이 선원을 향해 발길을 옮기고 있었다. 시원한 바람이 향기를 풍기며 내 가슴에 스며들었다. 유난히도 따가운 햇살이 눈부시게 쏟아져 내리는 보도 위를 각양각색의 차들이 홍수를 이루며 쏜살같이 달리고 있었다.

남녀노소, 각종 새들까지 제각기의 활동을 하노라 분주하게 움직이는 모습이 참으로 아름다웠다.

앞도 뒤도 돌아볼 겨를도 없이 제가끔 자기의 일을 위해 촌각을 다투어 뛰고 있는 활기찬 모습들이 참으로 눈물겹고 가슴 저리게 아름답다. 무엇이 저들로 하여금 저렇게 분주하게 만들고 있는 것일까?

무엇인가 하고자 하는 마음, 그 마음은 어디로부터 일어나는 것일까? 아무리 뒤져보아도 일어난 자리가 없다.

아파하는 마음도, 좋아하는 마음도, 미워하는 마음도, 괴로운 마음도 실상 내놓을 아무것도 없다. 그저 생명이 있다는 이유밖에는….

그렇다면 이는 필시 불佛의 자리의 나툼을 위한 바람일 뿐인 것을 사람들이 이러쿵 저러쿵 이유를 달아 문제를 만들고 있는 것이 아닐까?

안이비설신의眼耳鼻舌身意를 통한 일체의 작용들 또한 그대로 불의 작용일시 분명한데 공연히 이런 저런 마음을 일으키고 일을 만들면서 아프고 쓰리고 좋고 힘들고 애들을 쓰고…, 아니 이 또한 불佛자리의 살림살이인 것을…, 이런저런 생각을 하다 보니 어느덧 선원에 도착했다.

이미 많은 신도분들이 예불을 올리고자 법당에 모여들었다. 꼭 학교 같다는 생각을 하면서 주지스님께로 갔다.

꿈속에서 있었던 일을 말씀드리고 행으로 옮기기 위해서다. 누구에게라는 딱히 지목도 하지 않은 채 가사장삼을 지어야 한다고 했다.

그런데 그 가사장삼을 지으려면 20만원이 든다고 했다. 문득 깨고 보니 꿈이었다.

큰스님께 가사장삼을 지어드려야 할 일이 있는가 보다 싶어 부랴부랴 돈을 준비해 온 것이다.

주지스님께 말씀 올리고 가사장삼을 지어 드리시도록 부탁을 드렸다.

스님께서는 '보살은 어떻게 그렇게 잘 알아. 가사장삼

일습을 지으려면 꼭 20만원이 든다는 것을 어떻게 그렇게 잘 알아!' 하신다.

예를 올리고 돌아서 나오는데 문밖을 나서자 가슴이 뭉클 감격스럽다. 그것은 스님의 가사장삼이 아닌 바로 내 가사장삼이라는 것이다.

이로써 스님의 가사장삼인 줄 알았던 내 가사장삼을 만들었다. 비록 속인의 옷을 입고 있지만 보이지 않는 자리에 법복을 준비했다.

가사장삼을 입을 수 없는 환경을 뛰어넘어 속인 아닌 속인임을 알고 오늘도 나는 감격의 눈물을 흘린다.

소쩍새마을을 다녀와서

일력스님이란 분이 원주 치악산 자락에 '소쩍새마을'이라는 이름을 붙이고 어려운 이웃(버려진 아기, 충실하지 않은 남녀노소, 의지할 데 없는 노인 등)들을 모아 돌보고 계신다는 곳이다.

마음 한 자락이 항상 그곳에 달려가곤 했다. 그러나 마음뿐 몸을 움직일 기회가 만들어지지 않는다.

그러던 어느 날이었다. 연주 엄마라는 인천 보살이 "언니, 우리 소쩍새마을에 가는데 같이 가세요." 한다. 기회를 찾던 터라 따라가기로 약속했다.

연주 아빠를 비롯 훈훈한 마음을 가진 인천 보살들이 버스를 가득 채웠다. 모두 모두 감사했다.

드디어 버스가 소쩍새마을 입구에 이르렀다. 짙푸른 산이 퍽이나 높아보였다.

아무런 생각도 없이 쳐다보던 눈이 갑자기 뭉클 하는 가슴과 함께 뜨거워지며 눈물이 솟았다. 어인일인지 낯설지가 않다. 이유를 모르는 채 그냥 흐느껴 울었다.

많은 사람들의 눈을 피해 창밖으로 시선을 옮기며 왜 이럴까? 정말 나는 울보인가 봐, 나무랬다. 다리를 건너가려는데 차들이 길을 막고 있었다.

이곳에 사는 사람들의 마음이라 했다. '소쩍새마을'에 대해 좋아하지 않는 주민들의 마음의 표시란다. 물론 교섭 끝에 통과했고 마을에 도착했다.

40대쯤 되어 보이는 남자(장애인)가 주차를 돕는다. 많은 사람들이 오는 때문인지 그 솜씨가 자못 능숙했다. 법당에 들었다. 여느 절이나 마찬가지로 부처님이 온화한 미소를 띠고 계신다. 바닥은 울퉁불퉁 누더기였다.

부처님을 뵙는 순간 눈물이 또 왈칵 솟는다. 왠지는 지금도 알 수가 없다. 일력 스님을 뵙게 되었다.

어느 노 보살이 약을 지으러 온 듯 스님과 이야기를 나누고 계셨다. 때가 꼬질꼬질 묻은 회색 등걸 잠뱅이를 입고 계셨다. 막일에 찌들은 모습이다. 거기에 검은 수염까지 길게 늘이고….

승단에 예를 올리듯 삼배를 올렸다. 어디서고 느끼는 마음이지만 들려오는 스님의 반말이 곱지가 않다. 참으로 어려운 일을 맡으셨구나 싶어 우러러 뵙고 싶었는데, 왜 이리 우러러 존경스러운 마음이 나지 않는 걸까? 그냥 담담할 뿐이다. 좋지도 나쁘지도 않은 그냥 그런 마음일 뿐 어느 세월의 한 모퉁이에서 나도 같이 있었던 듯 낯설지가 않다.

돌아오는 차안에서 연주 엄마에게 "좋은 일이라는 것에 대한 착着도 놓으세요." 했다.

좋고 나쁜 일이 따로 없는 듯 맡겨지는 대로 닥쳐서 하게 되면 할 뿐이라는 생각이 들어서다. 이렇게 해서 나의 '소쩍새마을 순례'는 끝이 났다. 그러나 이렇게도 담담한 내 마음이 이상했다.

왜 이리 담담할까?

그렇게 두어 달 쯤 지난 어느 날이었다.

다리미질을 하다가 팔목을 데었다. "데었다면 낫는 거지 뭐" 하는 마음으로 한 일주일쯤 지나니 상처가 아물었다.

그런데 어찌된 일인지 바로 그 자리를 다시 다리미에 데었다. 다리미가 살에 닿는 순간 "아유, 또!" 하면서 저 배꼽 아래 밑바닥에서 팔뚝 같은 것이 치밀더니 다시 돌아 내려가면서 '소쩍새마을' 생각이 떠오르는 것이다.

일력 스님이 그 각양각색의 어려운 사람들을 돕는 것이지만 그분들은 그분들대로 일력 스님의 수행을 그 모습으로 돕고 있는 것이다.

누가 누구를 돕는다고 할 것인가? 서로가 서로를 도우면서 각자가 수행을 하고 있는 것이다.

따라서 생각이 난다. 대통령도 군밤장수도 제각기 자기 자리에서 높고, 휴지 하나 먼지 하나까지도 귀하고 소중하지 않은 것이 하나도 없다는 생각이다.

참으로 틈이 없구나, 한 치의 오차도 없이 꽉 짜여져 돌고 조화를 이루고 있음을 보고 느끼면서 눈은 뜨겁고 가슴은 뿌듯하다.

'오! 부처님이시여…, 이로써 위도 아래도, 귀하고 천함도, 동서남북도, 좋고 나쁨도 그냥 말일뿐 하나임을 알면서….' 먼 데 하늘을 본다. 사슴처럼 목을 길게 빼고 하늘을 본다.

그릇, 식탁, 마루, 방바닥을 닦아도

오늘도 어제처럼 식구들과 더불어 식사할 준비를 한다. 주부라면 누구나가 이런 생각을 하겠지만 아침에 먹고 남은 반찬을 저녁 식탁에 또 올리려면 적이 미안해진다. 한 끼만 맛있게 먹고 다음엔 다른 반찬으로, 매 때마다 메뉴를 바꾸어 식사를 하도록 하고 싶은 마음이지만 지혜가 부족한 탓일까 아무리 신경을 써도 남지 않으면 모자란다.

먹는 일에만 끌려 다니게 되는 주부라는 직업에 매력이 없어진다. 있는 대로 또 수월하게 할 수 있는 것으로 나는 그냥 그렇게 살아왔고 또 살고 있다.

모시고 사는 부처님들께 미안한 일이지만 내 생활을 마음 돌이켜 지켜보아도 별 진전이 없다.

'나 라는 인간이 마음에 들지 않는다.' 하면서 식탁에 행주질을 하고 있었다. '이렇게 식탁을 닦는 것도 내 몸을 닦는 것이다'라는 생각과 함께 마루를 닦든, 방을 닦든, 그릇을 닦든 모두가 내 몸과 마음을 닦는 일이라는 것이다.

그러고 보니 이 세상 삶이 그대로 내 수행인 것을, 남편의 몸과 마음을 편안하게 돌봐드리는 것도, 자식을 건강하고 올곧게 키우는 것도, 주변의 모든 사람들과 더불어 편안하게 잘 지내는 것도 모두가 내 수행인 것을….

어디에도 한 찰나에도 어떠한 이유를 붙일 수가 없음을 알고 보니 항상 진실하고 겸손하며 지극할 뿐이다. 욕이 돌아온다 해도, 칭찬을 받는다 해도 모두가 내 수행의 채찍일 뿐. 욕은 욕대로 칭찬은 칭찬대로 그냥 그대로 놓고 휘적휘적 뚜벅뚜벅 갈 것도 올 것도 없는 그 자리에 그냥 그렇게….

떡 바구니

누군가 떡 바구니를 큰스님 앞에 공손하게 놓고 인사를 했다. 조심스럽게 풀어 뚜껑을 여셨다. 그때 나는 스님의 오른쪽 맨 앞자리 끝에 앉아 있었다.

오른쪽에서부터 하나씩 돌리려고 생각하셨다. 그렇게 알아졌다. 그런데 그 떡이 인절미인지, 송편인지 무슨 떡인지도 모르면서 그냥 먹고 싶었다. 고이는 침을 어찌 할 수 없어 꿀꺽 삼켰다. 스님께서 나를 쳐다보시는 눈빛이 예사롭지가 않다. 스님의 마음이 바뀌었다. 왼쪽에서부터 돌려왔다. 내 앞에서 끝이 났다. 나는 차례가 오지 않은 것이다. 나 하나만 말이다. 일부러 나 하나만 스님께서 빼 놓으신 것이다.

'왜 나만 빼 놓았을까?' 라는 생각도 없이 마음이 담담하다. 섭섭하다는 마음은 더더욱 없었다. 침을 삼키는 그 순간 바구니의 떡을 나는 통째로 먹어버린 것이다. 누가 이 사실을 알겠는가? 이미 다 먹고 치웠는데 또 줄 이유가 없어진 것이다.

주기도 전에 통째로 먹어치웠다는 것을 알고 보니 너

무 우스워서 빙긋 빙긋이 웃었다.

그것을 아시는 스님께서 나에게 떡을 주실 리가 없다. 스님께선 이렇게 사소한 일에서도 어김없이 공부 아닌 공부를 가르치셨다.

현실적으로 떡을 먹은 것도 아닌데 보이지 않는 자리에서 이미 통째로 삼켜 버렸으니 아니 주신 것이다. 엄하시다면 엄하시다고, 재미있다면 참으로 재미있다고 생각하면서 오늘도 그때가 생각나면 입가에 살며시 웃음꽃이 핀다. 더함도 덜함도 없이 한 치의 오차도 없이 참으로 고맙고 즐거운 날들이다.

東垠(동은)

해가 불끈 솟아오르는
동쪽의 언덕

따뜻한 빛으로 온 생명을
키우는
힘이
솟아나는 언덕

아들의 이름을 읊조리며
나는
웃고 있네

그 동은이가
바로 내 아들이야 라고
말할 수 있어서

함지박만큼한 입을 벌려

웃을 수 있네

차별 없는
사랑
언제나
변함없이 부어내리는
햇빛

그
따뜻함으로
살 것을 믿으면서

나는
함지박만큼한 입으로
웃고 있네

동은이가 낚시를 갔다 와서 아프다

동은이가 규상이와 함께 낚시를 갔다 왔다고 했다. 뜻밖의 행동이었다. 우리 식구 아무도 낚시에 관심을 보인 사람이 없었는데 말이다. 붕어를 꽤나 많이 잡았다고…. 그런데 그대로 다 놔 주었다고 자랑스럽게 말했다. 죽이고 싶지 않은 따뜻한 마음이었으리라.

그런데 나는 그 붕어들의 아픔이 피부에 느껴졌다. '바늘에 꿰었던 그 자리가 아물 때까지 얼마나 아파서 고생을 할까?' 하는 안쓰러움에 '차라리 가지고 와서 먹을 걸 그랬다. 얼마나 아파서 애를 쓰겠니?' 했다.

잠시 후 동은이는 열이 나기 시작했다. 급기야 얼굴에 빨긋빨긋 열꽃까지 솟는다.

이 또한 누가 있어 했다 할 것인가?

오직 불佛의 작용 나툼일 뿐인 것을. 이 또한 그 자리에서 했으니 (했다 할 것도 없지만) 그 자리에서 잘 풀 것 (풀 것도 없지만)이라는 믿음으로 맡기고 또 맡기지만 쉽사리 차도를 보이지 않는다.

너무 심하다.

다음날 큰스님께 이 상황을 여쭈었다. 임원회의가 길어져 기다리다 못한 동은이는 집에 먼저 보내고 혼자서 스님을 뵙게 되었다.

"그렇게 했다고 하면 '그래 참 잘 했다.'라고 생각하고 또 '잘 했다.'라고 말해 주지, 왜 그렇게 말을 해 가지고 일을 만들어? 하긴 그래서 나 같은 사람이 있는 거지만."

"그래서 또 공부를 하는 거지 뭐, 알았어요." 하신다.

"고맙습니다. 스님!" 하고 물러나왔다.

가벼운 걸음으로 집에 왔다. 누워 있으리라 생각했던 아들의 얼굴이 편안하다. 열도 없고 기분이 좋다고 했다.

큰일을 저지를 뻔 했던 참으로 큰 사건이었다. 죽음 못지않게 바늘에 꿴 자리의 아픔이 컸으리라는 아픈 마음과 함께 내어 뱉은 그 한 마디가 법이 되어 이 아이를 그토록 힘들게 했던 것이다. 아찔하다. 정말 소름이 끼친다. 한 생각, 한 마디 말이 이토록 무서울 줄은 꿈에도 몰랐었다. 상상조차 못 했던 것이다. 붕어들의 아픔이 어떠한 가를 아들의 몸으로 하여 보여준 사건이었다.

그래서 선무당이 사람을 잡고, 모르고 지은 죄가 더

크다는 말의 뜻을 실감하게 되었다.

어느 겨울날이 생각난다. 그날도 103-1번 버스를 타고 선원에 가는 길이었다. 석수역을 막 지나는데 창밖을 내다보니 아는 보살이 보였다. 그분은 시흥에서 선원까지 걸어서 다니신다고 했다. 몹시 춥고 바람마저 무섭게 불어대는데도 걸어서 가시는 것이다. 얼마나 추울꼬? 오늘 같은 날엔 차를 좀 타시지! 하는 마음이 일어났다.

그런데 이상한 일이 일어났다. 눈을 말똥말똥 뜨고 잠을 잔 것인지 모르겠다. 내려야 할 정류장을 두 정류장이나 지나쳐 간 것이다. 나도 그 보살처럼 한 동안을 걸어서 선원엘 가게 되었다. 재미스럽기도 하고, 어처구니없기도 하여 그냥 히죽히죽 웃으면서 길을 걸었던 일이 오늘 새삼 생각이 났다.

그때도 '얼마나 추울까?' 하는 한 생각에 몸소 그 추위를 느껴 알기 위해 걷도록 만들어졌던 것이다. 이만큼 이렇게 춥다를 알기 위해서 참으로 한 생각의 위력이 이토록 대단한 것인 줄 정말 반드시 알고 가야 할 일이다.

내친 김에 한 마디 더 하고 넘어가려 한다. 어떤 보살이 산에 올라가고 싶어 산에 올랐다. 그곳에 자그마한 암자가 보였다. 들어갈 이유는 따로 없었지만, 그냥 들어가고픈 생각이 있어 들어가 보니 주인인 듯한 한 보살이 앓고 있더라는 것이다.

'왜 아플까?' 하는 의문이 일었다. 순간 주변의 울타리가 눈에 들어왔다고 했다.

그런데 그 울타리가 생나무(살아있는 나무)에 못을 치고 걸어놓은 가시망이었던 것이다. 그 나무가 아프니 원인 제공을 한 보살이 아프더라는 것이다.

그래서 믿거나 말거나 "저렇게 살아있는 나무에 못질을 했으니 아프지요, 저 못을 빼 주어야 병이 나을 꺼예요" 하고는 내려와 버렸다고 했다.

만들고 보여주고 깨닫고 이렇게 가르치고 배우고 또 행하면서 세상사 모두가 스승이 된다. 말없고 표정 없는 식물이라고, 또 동물이고, 미물이라고 어떻게 함부로 대할 수 있겠는가?

지은 만큼, 한 만큼이란 말이 참으로 실감나는 사건임을 확인하면서 어제도 오늘도 그리고 내일도 모두를 생각하면서 살아야 할 것이다.

축농증을 고치러 병원에 가다

한마음선원에 발을 들여 놓으면서 나는 조금만 이상해도 병원이나 약방을 찾아 밖으로 헤매던 마음을 녹이고자 많이 애를 썼다.

근본의 자리(한마음의 자리, 불佛의 자리)에서 만들어 가지고 나왔으니 올바로 관리해서 건강하게 끌고 다녀야 할 책임 또한 그 자리에 있다고 생각되기에 무조건 그 자리에 책임을 지워 밀어 던지고 맡기는 작업을 했다.

'아픔을 느낄 때도 아픈 것을 느끼고 아는 것도 너니까 이 또한 고칠 줄 아는 바로 네가 고치는 거야.'라는 마음가짐으로 밀고 갔다.

그런데 어느 날 아들을 데리고 병원엘 갔다. 축농증 때문에 머리가 자주 아프다고 해서다.

약을 지어주며 '이 약을 먹고도 낫지 않으면 수술을 할 수 밖에 없다'고 했다.

약을 받아들고 집에 오면서 비로소 병원에 갔었구나 생각이 났다. 집에 돌아와 약봉지를 들고 망설였다. 충분히 그 자리에서 고칠 것인데 병원엔 왜 가야 했지? 이 약을 먹여? 말아? 그 순간 아버지의 마음을 편안하게 하기 위해서 먹여야 한다는 것이다.

평소 머리가 많이 아프다는데 아이를 병원에 데려가 봐야하지 않겠느냐며 걱정을 많이 했었다.

밖으로 향하던 마음을 안으로, 습을 녹이고자 애쓰는 줄을 모르는 아이 아빠의 빗발치는 성화였다.

아이 아빠의 마음을 편케 하기 위해 아들을 병원에 데리고 간 것이다. 병원에 간다는 생각이 있었다면 되돌려 맡기고 아니 갔을 것이기에 간다는 생각이 없이 갔던 것이다. 물론 아들은 그 약을 먹고 머리 아프단 말이 사라졌다.

가는 것도 법의 자리에서, 아니 가는 것도 법의 자리에서 어느 것 하나 법의 자리에서 하지 아니하는 것이 없는데 '무엇을 해야 한다. 아니 해야 한다. 생각을 내서 흠집을 낼 것인가? 급하면 급한 대로 해야 할 것이면 할 것이고, 아니 해도 될 일이라면 또 아니 할 것인데…'.

그냥 지켜 볼 밖에….

카데바를 보니 마음이 떨린다고

동은이가 학교에서 돌아왔다. 언제나처럼 고요한 얼굴이었다.

"엄마! 오늘 해부학을 공부하기 위해 카데바(인체 표본, 시체)를 다이 위에 올려놓았는데 마음이 으스스 떨려요." 한다.

마음에 그런 어려움이 있어도 조용할 수 있는 태도도 참으로 든든하였다.

"생명이 떠나간 그 몸뚱이는 그대로 물건일 뿐이야! 마른 나무 등걸이나 마찬가지야! 그렇게 알고 공부 열심히 잘 하도록 해라."

"네 알았어요."

순간 석재 생각이 났다. 서울의대를 다니는 둘째 외숙의 아들이다.

어느 날 얼굴이 파랗게 질려 집에 왔다고 한다. 사뭇 떨리는 듯 어쩔 줄을 몰라 하며 카데바 이야기를 했다고 한다.

서울대학에서는 카데바를 내 놓고 집도하기 전 제사를 지낸다고 한다.

제사를 지내고 해부를 하고자 집도를 하는데 하늘이 갑자기 캄캄해지면서 뇌성벽력을 치더라고. 그래서 중단하고 있다가 얼마 후 하늘이 맑고 조용해져서 마음을 가다듬고 다시 집도를 하니 여전히 하늘이 캄캄해지면서 뇌성벽력을 치면서 비가 쏟아지는데 도저히 해부를 할 수가 없었다고. 무서워서 그냥 집으로 줄행랑을 놨다고. 어떻게 집에 왔는지 조차 기억에 없다 했다고 한다.

"내가 왜 의대 공부를 시켜가지고 저 아들을 저렇게 힘들게 하는지 모르겠어 참으로 후회스러워"라고 외숙모는 말씀하시는 것이었다.

오십대 정도의 여인인 그 카데바는 히죽이 웃고 있었다고? 그 모습이 눈앞에 어른거렸다. 웃으면서 옷을 벗을 수 있었다면 그도 예사 사람은 아닌가 싶다.

동은이는 해부학을 열심히 잘 했다고 한다.

15명 한 그룹에서 집도를 맡아 했고 다른 친구들은 지켜보며 공부를 했다고 한다. 도서실에서 공부를 하다가 의문이 나면 밤에라도 혼자 카데바 덮개를 베껴 놓고 공부를 했단다.

지나가는 선배들이 '저 놈은 좀 특이한 데가 있어' 하며 경이로워 하기도 했단다. 역시 모든 것은 마음가짐에 달렸다. 물건을 해부하는 것이나 다름없는 마음이었으리라 생각된다.

그 카데바가 사람이었었다는 생각이 있었다면 아마도 그렇게는 할 수가 없었지 않았을까, '일체유심조'란 말이 절절히 실감이 난다.

남편에게 애원하다

날이 저물었다. 오늘따라 아이 아빠가 일찍 귀가를 했다. 저녁을 마치고 아이 아빠는 일찍 자리에 누웠다.

나는 동은이가 귀가하기를 기다리며 주방정리를 하고 있었다.

동은이가 왔다. 안방을 슬쩍 들여다보더니 "아빠는 벌써 주무시나 봐" 하면서 주방으로 왔다.

그런데 조용하던 안방이 왠일인지 소란하다.

"애비는 보지도 않고 제 애미한테로 가? 자식 교육을 어떻게 시키는 거야…." 등등 심상치 않은 일이 벌어지고 있다. 심장이 쿵쿵 소리를 낸다.

'좋은 마음을 내자. 좋은 마음이 되자'고 마음자리에 수도 없이 애원을 한다. 말 한마디도 할 수 없는 긴장된 마음이 되어서….

급기야 화를 참지 못해 뛰어나오면서 "이불 깔아, 자게" 소리를 지른다. 마음을 건드릴까 두려운 마음으로 정성껏 이불을 깔아 드렸다. 그리고 "주무세요" 했다.

참으로 어처구니없이 비굴해 보였으리라. 그러나 들어가 누웠던 남편은 그래도 참을 수가 없었던 듯 다시 뛰쳐나왔다.

"왜 그래요. 주무세요."

"잠이 와? 너나 들어가 자라." 하면서 나를 안방으로 밀어 던진다.

드디어 폭력까지 나왔다. 좀처럼 볼 수 없었던 광경이다. 무조건 좋은 마음이 되자고 되자고 하면서 한 구석에 쪼그리고 앉았다. 맹수의 발톱 아래 떨고 있는 가련한 토끼처럼 그렇게 말이다.

아이 아빠가 들어왔다. 이불 베개 등등 가리지 않고 내게 던지는 것이다. 온 집안이 아수라장이 되었다. 그래도 죽은 척 '그냥 좋은 마음이 되자'고 만을 주문 외우듯 되풀이 하고 앉아있다.

"이제 나는 말 상대도 안 된다는 거야? 나는 말 다 했으니 할 말이 있으면 해 봐." 하면서 금방 요절을 낼 듯이 달려든다.

더 이상 입을 다물고 있을 수가 없었다.

나는 "할 말이 없어요. 당신이 왜 이렇게 화가 났는지조차 모르니까요. 왜 이렇게 화가 났는데요?"

"동은이가 애비를 무시하고 애비한테는 인사도 않고

에미한테로 간 것이 그래 잘 한 일이야?" 한다.

"그건 당신이 오해한 거예요. 안방을 들여다보고 오면서 '아빠는 벌써 주무시는가봐' 하던데요. 불을 끄고 누웠으니 주무시는 줄 안 거지요."

하니까 그 말에는 대답이 없다. 본론이 나왔다.

"왜 선원엔 매일 가는데. 선원에 미쳤지. 왜 매일 가? 절이라는 곳은 한 달에 한 번 가던지 하는 거지 왜 매일 가는 거야 그게 미친 거지. 아냐?"

순간 나는 흐느껴 운다. 주체할 수 없는 눈물이 쏟아져 내린다. 말을 할 수가 없다. 떠듬떠듬 흐느낌 속에 말을 이었다. 두 손은 어느새 합장이 되어있다.

"여보! 날 좀 도와주세요. 나는 이 공부밖에 할 것이 없어요. 당신이 도와주지 않으면 난 이 공부를 못해요. 제발 날 좀 도와주세요. 이 공부를 할 수 있도록 꼭 좀 도와주세요." 했다.

이미 자존심 같은 것은 없다.

"이젠 상관하지 않을게" 한다.

알 수 없는 힘이 솟는다. 눈물도 걷힌다.

"상관하지 않는다는 말에는 두 가지 뜻이 들어있어요. 하나는 이해하고 돕는다는 뜻이고, 또 하나는 무관심하게 내던진다는 뜻, 이 중 어떤 뜻이에요?" 하니 갑

작스러운 질문에 당황한 듯 말을 못한다.

나는 "당신이 나를 이해하고 돕는 쪽으로 받아들이겠어요. 고맙습니다." 하고 합장 배례를 했다.

정말 부처님께 예를 올리듯이 그렇게 말이다. 어디론가 쥐죽은 듯 잠적한 아이들을 부른다.

오늘 일은 너 때문에 발단됐다고 동은이를 지목했다.

"아니 그게 아니다. 아빠가 수양이 모자라 일어난 일이다. 엄마가 무슨 잘못이 있니? 모두 아빠가 잘못한 일이다." 한다.

이렇게 해서 온 집안을 발칵 뒤집어 놓았던 사건은 끝이 났다. 누구의 잘못도 없는 어처구니없는 일이 찰나에 불꽃이 꺼진 것이다.

세수를 하고자 세면장에 들었다. 운 얼굴을 아이들에게 보이고 싶지 않아서다. 그런데 어인 일인지 내 눈은 전혀 운 흔적이 없다. 참으로 신기하다 마음 또한 거북함이 없었다. 그냥 개운하다. 그런 일이 있었는지조차 잊은 듯 싶다. 소란스러웠던 일이 있었던 사이도, 운 사이도 정말 없었다. 한 사이가 없다. 그러나 엄연히 있었던 일이다.

사과를 깎아 놓았다. "여보! 사과 잡수셔요." 평상시와 조금도 다름이 없다.

순간 아! 내가 얼마나 죽었나 찔러 보았구나 알게 되었다.

그 자리에서 찌르고 그 자리에서 울고 그 자리에서 사과하고…. 이 허허로움에 마음 가득 뜨거운 눈물이 고였다. 점검하는 방법도 가지가지 정말 한 순간도 방심할 수 없구나. 어느 때 어디서 어떤 모습 또 어떤 일로 찔러 올지 모르니까? 내가 없다면 어디서 어떻게 찔러오든 찔릴 놈이 없으니 무엇이 걱정이겠는가? 생각하니 참으로 아상我相을 지우는 일 이것만이 공부이고 수행이고 삶이어야 한다는 것을 알지만 다시 한번 다짐하고 명심해야 되겠다는 생각이 든다.

이렇게 터무니(이유) 없는 일이 벌어지더니 수시로 불만스럽게 불뚝거리던 아이 아빠의 마음이 많이 변했다.

벌어지는 일체 모두가 나를 공부시키는 방편임을 다시 한번 절감하면서 감읍하지 않을 수 없다. 내가 변해야 상대가 변한다는 말을 실증하면서 상대가 바로 나임이 밝혀지는 것이 아닐까 생각된다.

백 사람에게 공양을 올리자고

1980년대 후반 나는 시계추처럼 선원에 다녔다. 걷거나 차를 타고 오고가는 시간에 마음 관하기가 좋았고 또 잘 되었다.

그러던 어느 날 그날도 선원에 가려고 대문을 나서려는데 갑자기 100사람을 초청하여 공양을 올리자는 마음이 났다. 모든 사람이 다 그러하듯 나 또한 마음 따라 움직일 밖에….

누구누구 손가락을 꼽아가며 100명의 명단을 작성해 본다. 내 주변에서 100명의 손님을 초대하기란 그리 쉬운 일이 아니다.

아무리 찾아도 채워지질 않는다. 시간, 장소, 수준, 환경, 연령 등등 조건 또한 문제가 되었다.

우선 장소를 물색해 본다. 집에서 하고자 했던 마음을 접고 식당을 찾고 있었다. 100명이 앉을 수 있는 공간과 분위기 교통편 음식의 질 등등을 생각하고 있으려니 마음 저 밑바닥에서 우주떡이 생각이 났고 '상단에 우주떡을 올린다면 그게 어디 백 사람 뿐이겠는가? 온 우주가 다 먹고도 남는 것을….' 한다.

보이는 세계와 아니 보이는 세계가 다 함께 먹고도 남는다는 우주떡의 의미를 안 것이다. 빵 한 조각을 가지고 모인 대중들을 다 먹이고도 되 남았다는 성경 말씀의 뜻도 알 것 같다.

몸도 마음도 가벼워졌다. 숙제가 풀렸기 때문이다.

'이렇게 간단히 풀리는 것을….' 붙들고 쩔쩔맸던 몸도 마음도 시간도 모두모두 고맙고 또 고마웠다.

주지스님께 올라가 우주떡을 올리겠다고 여쭈었다. 윗분들께 고해야 한다는 생각이 있었기 때문이다. 어디로부터 이런 생각들이 올라오고 있는 것일까? 참으로 놀라운 이런 생각들이 말이다.

알고 싶다. 알고 싶다. 참으로 알고 싶다. 알도록 하자고 마음속 깊은 곳에 주문을 한다.

상단에 올리려던 포도를 먹고

선원에 갔다 오는 길이다. 언제나 했던 것처럼 구로동 큰 시장을 들렀다. 반찬거리며 필요한 것을 사가지고 가기 위해서다.

과실 가게 앞에 섰다. 탐스럽고 싱그러운 포도송이가 눈에 번쩍 띄었다. 향기 또한 그윽하다. 상단에 올리고 싶은 마음이 난다. 제일 좋은 송이로 사고 싶은 만큼 사 가지고 집에 왔다.

깨끗이 씻어서 올리기만 하면 되도록 준비를 하고자 했다. 그런데 씻으면서 무심코 포도 알을 따서 입에 넣은 것이다. 뱉을 수도 먹을 수도 없다. 상단에 올리려던 것을 그 사이 까맣게 잊은 것이다. 내가 먼저 입에 넣었으니 상단에 올릴 수가 없다.

'어떻게 하지? 다시 사올까?' 다시 사온다 해도 왠지 석연치 않다. 이렇게 어쩔 줄 몰라 하는 순간 내가 먹었어도 공양이니라 하는 것이다. 생각일지? 마음일지? 알 수가 없다.

어디서 이런 생각은 나는 것일까? 절에 모셔진 부처님

께 올리는 것만을 공양으로 알고 왔던 내 의식에 변화가 왔다.

내가 먹고 쓰고 내 가족 내 친지들을 먹이고 쓰는 모든 것이 다 공양이고 불사佛事임을 알게 되었다.

행, 주, 좌, 와, 어, 묵, 동, 정이 그대로 선이며 인간이 살아가는 모든 일이 불사인 것을 알면서 알 수 있도록 이끌어 온 공空자리에 고맙고 고마운 마음이다.

어떻게 표현할 말이 없다.

그저 고맙고 고맙다고 할 수 밖에….

남편 친구(이호재)의 어머님 천도재

남편의 친구 이호재 씨 모친께서 별세하셨다는 부고를 받았다. 친형제나 다름없었던 남편과 나는 밤이라도 새워야 한다는 마음으로 찾아 갔다.

커다란 체구에 늠름한 모습으로 항상 바윗돌처럼 무겁게 버티어 섰던 그 남자가 한없이 흐느끼며 눈물을 주체하지 못한다. 보는 이의 마음까지 눈물 속에 빠져들었다.

한마음선원에서 시다림尸陀林 스님을 모실 것을 건의했다. 하지만 어머님이 다니시던 수원 팔달사에서 모시겠다고 했다. 그것도 좋은 생각이라 믿고 새벽 세 시경 집에 와 잠시 눈을 붙였다.

그 모친께서 불곰의 탈을 쓰고 거실 소파에 망연자실 갈 곳을 몰라 하는 듯 멍하니 앉아 계신다.

깜짝 놀라 깨어보니 꿈이었다. 정신이 번쩍 났다. 절박한 마음으로 초상집에 전화를 했다.

며느리가 받는다. 이미 팔달사에 시다림 스님을 보내

달라고 부탁을 했다고 한다.

아들을 바꿔달라고 했다. 아들의 대답은 달랐다. 연결이 되었나 알아보고 한마음선원 스님들을 모시겠다고 했다. 역시 아들은 아들, 며느리는 며느리로구나 하는 생각이 든다. 잠시 후 전화가 왔다. 책임지고 시다림 스님들을 모셔 오라는 부탁이다. 이렇게 해서 한마음선원 스님을 모셔 시다림을 했다.

그럭저럭 49재 모시는 날이 가까웠다. 당초에 말과는 달리 팔달사에서 모신단다. 그도 좋겠지. 생전에 다니시던 곳이니까 그런데 어인 일일까? 허전한 것인지 채워지지 않은 한구석이 비어있는 듯한 마음이다.

내 마음을 읽었던지 100일재는 선원에서 지내겠다고 한다. 100일재가 가까운 어느 날 상주는 선원에서 제사를 지낼 수 있도록 스님께 여쭈어 달라고 했다. 어렵사리 2일 후가 백일재임을 고하고 준비를 부탁드렸다.

그러나 집에서 지내야 한다는 통보가 왔다. 집안 어른들의 뜻이라 어쩔 수가 없단다. 참으로 내 입장이 난처해졌다. 스님께 실없는 말씀을 올린 꼴이다.

그러나 어쩌겠는가 '모두가 다 상주와 더불어 다 함께 잘 하는 거지 뭐' 하고는 그냥 놓아 버렸다.

100재날 아침예불에 참석차 법당에 들었다. 항상 시간

전에 대기하여 앉았던 내가 그날따라 지각을 했다.

법당에 들었을 땐 지장보살 정근 중이었다. 가슴이 뭉클 눈물이 쏟아져 내린다.

재비齋費 한 푼도 올리지 않았는데, 오늘의 이 지장정근은 그분의 천도재 의식이었던 것이다. 바로 내가 부탁드렸던 그 천도재였다.

다음 순간 그분의 웃음을 띤 환한 모습이 백옥같은 흰옷 속에서 더욱 빛나는 모습으로 상단 앞에 잠시 머물다 사라진다.

말로는 표현할 수 없는 마음이 되어 울고 또 울었다.

누구에게서 재비를 빌릴까 하여 뒤를 돌아보았다.

미경 엄마가 눈에 띈다. "돈 있지? 돈 좀 주라. 5만원만 주라"고 했다. 금방 누구에게서 돈을 받았단다.

'돈 받는 것을 본 것처럼 내랜다'며 무섭다고 했다. 돈 5만원을 봉투에 넣고 많은지 적은지도 생각지 않고 그냥 큰스님 계신 선실로 갔다.

스님 앞에 봉투를 내 놓으면서 그 집에서는 집에서 재를 지내겠다고 통보가 왔다는 이야기와 모두 다 함께 잘하도록 놓았다는 말씀을 올리고 그러나 저라도 대신 하겠다고 말씀 올리자 스님께서 벽력같은 호령을 하신다. "대신 한다는 생각이면 이것 도로 가지고 가" 하시며 봉투를 도로 주신다.

당황하여 "아니예요. 그래도 제가, 그래도 해야겠어요." 봉투를 다시 놓고 혼비백산 물러 나왔다.

큰 몽둥이로 한 방 세게 맞은 듯 멍하다 어떻게 여기까지 왔는지도 기억에 없다.

구로동 구청 앞 정류장에 내려 집이 보이는 언덕에 오르려니 문득 마음 저 깊은 곳에서 '네 어머니 내 어머니가 어디 있어 모두가 내 어머니인 것을' 한다.

대신이란 말이 합당치 않았음을 알았다. 모두가 하나임을 다시 한번 다지는 작업이었구나, 알고 보니 가슴 저리게 감사하며 눈물 아닌 눈물이 철철 흘러내린다.

내려 쪼이는 따뜻한 햇살 또한 새삼 고맙고 눈부시게 아름다웠다.

백야 법회를 가다

알라스카 지원에서 법회가 있다고 누군가가 알려왔다. 비행기 값만 있으면 된다고 했다. 부랴부랴 준비를 하고 수속을 밟았다.

오래 전부터 알고 지내던 보살이 그곳에 살고 있으면서 우리들의 발이 되어 주었다. 이곳 저곳 관광도 시켜주었고 공양도 해주었다.

이상하다. 밤이라는데 밤 같지가 않다. 해가 지고 어둠이 깔리기 전 그런 상태가 그대로 이어졌다.

여름 6개월은 이렇듯 밤인 듯 낮인 듯 그냥 24시간 밝아 있다고 한다. 그래서 백야白夜 법회라고 했다.

그런가 하면 겨울 6개월은 햇빛을 볼 수 없는 어둠의 계속이다. 눈도 억수로 내리고 추워서 참으로 살기가 너무 힘이 든다고 했다.

겨울 지내기가 너무 힘들어 집을 비우고 겨울 한철 아예 이사를 갔다 오는 사람도 많다고 한다.

낮 시간에는 거의 사람 구경을 할 수가 없다. 모두 일터에서 일을 하고 있기 때문이다. 늙은 개들이 가죽만 쓴 채 어슬렁거린다. 사람을 보면 개들도 반가워서인지 어슬렁어슬렁 따라온다.

들에는 봄꽃 들이 만발했는데 산은 눈산이다. 만년설이 희다 못해 파란 빛을 띠우고 서있다.

눈 녹은 물이 쌀뜨물 같은 빛깔을 하고 흐르는데 연어들이 떼지어 올라온다고 한다. 잠자리채 같이 생긴 큰 망을 가지고 가서 그냥 떠 올리면 된다며 연어를 낚으러 가잔다. 그러나 시간이 허락하지 않는다. 낚는 것은 고사하고 보고 싶었는데….

한 보름 묵는 동안 일이 생겼다. 우리를 도와 발이 되어 주었던 차에 오른손 장지가 문틈에 끼었다. 손마디가 잘릴 듯 우그러졌다. 거사님이 놀라 병원에 가자고 한다. 뒷날에라도 문제가 생기면 안 된다며 병원엘 가야 한다는 것이다.

그러나 나는 아픈 것은 생각에 없고 그냥 미안하고 또 죄송할 뿐이다. 주변의 신도분들에게도 심려를 끼쳤음에 죄송하다.

"죄송해요, 괜찮아요, 걱정하지 마세요"를 거듭거듭 되풀이 하면서 몸 둘 바를 몰라 했다.

그분은 물론 주위의 모든 보살, 신도들에게 심려를 끼

쳤음에 너무 죄송했다. 장승원 보살 친구가 약이 있다며 발라준다. 모두모두 고맙다. 그런데 어찌된 일인지 손가락이 조금 거북할 뿐 하나도 아프지가 않다.

상식적으로는 도저히 이해가 가지 않는다. 마디가 으스러져 있을 듯한데 하나도 아프지 않다니 이해가 가지 않는다.

하루 밤을 지내고 나니 손가락이 거짓말처럼 나았다. 약간의 푸르스름한 빛이 있을 뿐 불편함이 없다. 사고가 있은 지 12시간도 채 지나지 않아 손이 다 나은 것이다.

놀라운 일이다. 믿을 수도 믿지 않을 수도 없는 놀라움이다. 밭이 되어 주셨던 그분이 걱정스러워 하신다.

손가락을 풀고 보여주며 "이렇게 괜찮으니 걱정 마세요." 너무 죄송하고 또 고마웠다.

그제서야 그분도 마음을 놓는 듯 그러나 본국에 돌아가서도 문제가 생기면 연락을 하란다.

그런데 어인 일일까? 장승원 보살이 어젯밤 손가락이 아파 한 잠도 못 잤다는 것이다. 손가락을 다친 것은 난데 아프기는 다른 사람이 아팠던 것이다.

이는 또 무엇일까? 참으로 이해하기 힘든 부분이다.

바로 그와 내가 하나임을 보여준 것이다. 아픔 또한

실체가 아님을 알려준 작업이다.

손가락을 다친 것도 다쳐야 할 이유가 있었던 것이다. 체험을 통한 실증을 하면서 엄연히 둘이로되 하나인 도리를 알고자 그리고 많은 신도분들에게 보이고 알리고자 만들어진 사건임을 알고 정말 고맙고 또 고맙다고 할 수 밖에, 입은 있으되 말이 끊겼다 하리라.

내가 하는 일은 모두가 내 일이고

어느 해 가을이었다. 선원 마당이 김장하러 온 사람들로 부산하다. 배추, 무를 나르는 파트, 씻는 파트, 양념을 다듬는 파트, 양념을 버무려 독에 넣는 파트, 이렇게 하여 하나 둘씩 자리가 치워졌다.

마당은 다시 훤하게 넓어졌다. 부산했던 일은 이미 과거 속에 묻혀지고 없다. 어둑어둑 날이 저물기 시작하였다.

일을 끝마친 사람들은 큰스님을 뵙고 인사를 하라고 하신다. 나는 일이 아직 끝나지 않았다. 끝으로 그릇을 씻어 엎는 일을 하고 있었다. 그러면서도 너무 늦어 스님을 뵐 수 없을지도 모른다는 초조함이 있었다.

일을 끝내고 나니 스님을 뵙고 가라신다. 참으로 좋았다. 늦어서 못 뵈오면 어쩌나 했는데 기분이 상쾌하다. 열심히 일을 해서 즐겁고 스님을 뵙게 되어 더더욱 즐거웠다.

스님께 인사를 올렸다. 나를 보시더니

"내 일 내가 했지?" 하신다.

"네, 스님."

내 혼자 누구보다도 열심히 일을 정성껏 잘한다는 자부심을 가졌던 내 마음을 들여다보셨던 듯싶다.

선원의 김장을 하는 것이 바로 나를 위한, 그러면서 모두를 위한 김장이니 바로 내 일이었던 것이다. 내 앞에 닥쳐 내가 하게 되면 내 일인 것이다. 누구누구네 일을 하건 그것은 내 일이기 때문에 내가 하는 것이지, 누구네 일을 누가 돕는다는 말은 성립이 안 된다.

'이 어려운 일을 왜 나만 해야 해? 왜 나만 고생을 해야 해' 하는 생각 또한 있을 수가 없는 것이다.

내 앞에 인연 지어져서 하는 일은 모두 내 일이기 때문에 내가 하는 것이다. 남을 위해서 하는 일은 본래 없는 것이다. 이로써 어느 때 어느 곳에서 무슨 일을 하든 그냥 할 뿐이다.

네 일도, 내 일도, 아닌 일을 그냥 그대로 한다는 생각도 할 것 없이 움직일 뿐이다.

천도재를 올리고

오늘도 예불 하는 신도분들로 법당 안이 빽빽하다. 예불은 왜 하는 것일까? 향 내음이 배어들도록 하는 작업일지 모르겠다.

많은 사람들 틈에 끼어 둘인 듯 하나인 듯 앉아 있노라니 갑자기 내면에서 천도재를 지내자고 한다.

어린시절 고모와 함께 산골짜기 냇물 속 돌 틈에서 잡아 올린 가재들이며, 겨울이면 웅덩이 물을 푸고 얼음 위로 던져 잡았던 미꾸라지며 하여간 나와 인연이 닿았던 일체의 생명들을 위해서 30만원을 준비하자고 한다.

재비를 준비했다. 큰스님께 말씀 올리고자 기다렸다.

오늘따라 스님을 뵙고자 기다리는 사람들이 많았다.

항상 그러했지만 오늘따라 더너욱 두드러지게 많아 보였다. '둘이 아닌데 주지스님께 말씀드리면 되지' 하고 주지스님께 갔다.

한참을 앉아 있어도 어인 일인지 재비 올릴 생각을 않

는다. 다시 큰스님께로 갔다. 기다리는 사람 수효가 오
히려 늘어 보였다.

얼마나 기다렸을까 다시 주지스님께로 갔다. 그러나
여전히 재비 봉투가 나오질 않는다. 어인 일인지 모르
겠다. 또 큰스님께로…, 이렇게 세 번을 왔다 갔다 되
풀이했지만 주지스님 앞에는 재비를 올리지 않는다.

그러던 중 어느 스님께서 나를 찾으신다. 내 차례라는
것이다. 큰스님 앞에 가니 그동안 그렇게 많던 사람이
한 사람도 없다. 큰스님과 혜수 스님 두 분 뿐이다.

어떻게 그 많은 사람들이 없어졌을까? 한 사람도 안
보이는 것이 신기하고 어리둥절하다. 스님께 예를 올
리고 무릎을 꿇었다. 그리고 재비를 공손하게 올리면
서

"스님 천도재를 지내려고요, 삼십 만원 준비를 하자고
했어요." 하니까, "얘! 혜수야, 천혼문 써라. 이 보살과
인연지은 일체 조상영가로!" 하신다.

"스님…" 그냥 우물쭈물 했다.

'천혼문 쓸 것도 없이 상차림이란 형식도 없이 그냥,
한 찰나의 마음으로 일체조상 영가를 한마음자리에…'
하고 싶었다.

그런데 스님께선 그런 내 마음을 아셨던 듯

"그래도 천혼문을 쓰고 형식을 갖추어야 해." 하신다.

다음날 아침 예불시간이다. 천도재를 지내는 상차림들이 눈에 띄었다. 유난히 눈에 띄는 자그마한 상이 있었다. 우주떡도 과일도 물도 없이 그냥 촛불 둘에 하얀 종이 한 장, 상 앞에 향로 하나 조촐하면서도 거룩한 상이 다른 상과 달리 상단을 향해 있다.

이렇게 하여 천도재를 마치었다.

왜 주지스님께서는 세 번씩이나 갔었는데도 재비를 내놓을 수가 없었는지 모르겠다.

분명 마음이 있었기에 갔었는데 가고자 했던 마음은 무엇이고 내지 않고 돌아오는 마음은 또 무엇이며 이날따라 많은 사람의 물결이 큰스님과 나 사이를 가로막았던 일은 또 무엇인가? 왔다 갔다 하는 사이에 신기하리만치 한 사람도 없이 없어졌음은 또 무엇일지? 말씀드린 바도 없는데 내 차례라고 어찌 아시고 나를 찾으셨는지? 왔다 갔다를 통해 시험 아닌 시험을 하고 공부 아닌 공부를 하면서 인내력을 다지고 올곧은 길을 찾아가는 지성이 있음을 발견하는 작업이었음을 알고 감사하고 또 감사하면서 정말 어느 것 하나 스승 아님이 없음을 실감하면서 마음 뿌듯하다.

저 뒤에 여자분들

1990년대 초반, 그때만 해도 큰스님께서 사시예불이 끝나면 선실에 나오셔서 별일이 없는 한 매일 신도들을 친견하셨다. 보살들의 수효가 많다보니 언제나 보살들이 앞자리를 차지했다.

어느 날이었다. 스님께선 자리에 앉으시자마자 뒷자리의 거사님들에게 "저기 앉아계신 여자분들은 앞으로 나와 앉으세요." 하시며 앞자리를 가리키신다.

까르르 선실이 떠나갈 듯 웃음소리로 가득 찼다. 물론 스님께서도 따라 미소를 지으셨다. 나도 따라 웃었다.

다음날 바로 그 시간 스님께선 여전히 "저기 뒤에 앉은 여자분들은 이 앞자리로 나와 앉으세요." 하신다.

또 한바탕 웃음소리가 선실을 가득 메웠다. 왠일일까? 나는 웃음이 나오지를 않는다.

그 다음날 똑같은 말씀을 되풀이 하신다.

아! 바로 이 말씀이, 농담인 줄 알았던 이 말씀이 법문임을 알아차렸다.

보이는 모습이 남자인 그 밑바탕에는 여성인자가 깔려 있음을 말씀하신 것인데, 알지 못했던 신도들은 그냥 농담인 줄 알고 재미있어 했던 것이다. 보이는 모습이 남자는 여성인자가 밑바닥에 깔려 있고 여성은 남성인자가 밑바닥에 깔려 있음을 알려주시는 법문이었음을 알게 되면서 감사했다. 다시는 그 말씀을 아니 하신다. 남자와 여자가 보이는 모습의 차이가 있을 뿐 똑같음을 나에게 알려 주시노라 그런 말씀을 사흘간에 걸쳐 하셨던 것이다.

상대가 알았으니 더 이상 그 방편은 필요하지 않으셨으리라. '고맙습니다. 스님, 고맙습니다.' 내 무슨 복이 이리 많아 이런 스님을 만났는지 참으로 이 고마움을 어찌 표현할꼬? 마음은 말의 영역을 넘어선 자리에서 감사의 눈물을 흘린다.

시렁 위에 놓인 그릇들

넓은 시렁 위에 다라만한 그릇, 냄비만한 그릇 등 다양한 크기에 그릇들이 쌓여있다. 족히 한 트럭은 됨직하다. 모두 고물 같은 물건들이다. 밀가루며 쌀가루며 당근, 감자, 양파, 우엉, 사과 그리고 알 수도 없는 많은 재료들을 넣고 열심히 반죽을 했다.

어서 끓여서 식구들에게 먹여야겠다고 시렁 위에서 알맞은 그릇을 찾는다. 이것을 들어보아도 저것을 들어보아도 모두 구멍이 났다. 얼마나 많이 사용하였기에 이토록 모두 구멍들이 났을까?

재료는 준비가 되었는데 그릇이 없어 끓일 수가 없다. 어떡하지? 방법을 찾고 있다. 꿈이었다.

그래 끓일만한 그릇을 사야 하는 것이구나. 그 순간 스님과 약속한 시주 생각이 났다. 마음이 변할까 염려되어 스님 앞에 말씀드린 시주 생각이 난 것이다.

그동안 까맣게 잊고 있었던 마음이 급해졌다. 은행 문이 열리기를 기다려 준비를 했다. 한 푼도 없었던 돈이 딱 떨어지도록 남지도 모자라지도 않게 준비되어

있다.

이럴 수가! 참으로 놀라지 않을 수가 없다. 시주는 바로 그릇이었다. 무엇인가를 끓이고 또 받기 위한 그릇, 식구들을 먹이기 위한 그릇이었다.

스님을 위함도 절을 위함도 아닌, 나와 내 가족 나아가 온 법계를 위하여 쓰여질 그릇이었다. 한 푼의 돈이라도 잘 쓰고 가야한다. 잘 쓰면 온 우주 법계를 이롭게 하는 그릇이고 잘 못쓰면 해치는 그릇이 될 것이다.

넘치지도 모자라지도 않게 잘 하고 가자고 당부하면서…. 물론 잘 하지만 말이다.

한 생각이 나를 힘들게 하고

고추밭을 매기 위해 들에 나갔다. 뜨거운 햇빛이 강렬하게 내리쪼이는 밭고랑을 바라다보니 한심한 생각이 든다.

언제 저 밭을 다 매지? 막연하다. 온 몸에 힘이 다 빠지는 듯 맥이 탁 풀린다. 몸을 일으킬 수가 없다. 맥없이 그냥 앉아있다. 한심할 뿐이다.

'아니야 아니야' 머리를 저었다. '시작이 있으니 당연히 끝도 있는 것이지 시작을 했으니 이미 끝난 것이야.'

몸이 벌떡 일어나진다. 김을 매야한다는 생각도 뜨겁다는 생각도 힘이 든다는 생각도 없다. 그냥 풀을 뽑고 호미질을 할 뿐이다.

얼마나 지났을까? 이미 나는 밭 밖에 나와 깨끗해진 고추밭을 바라보고 섰다. 일을 한 것인지 안 한 것인지 아리송하다. 전혀 나는 일을 한 것 같지 않다. 힘든 것도 더운 것도 일한 것도 아는 듯 모르는 듯 그냥 마음이 시원하다.

참으로 마음이란 묘하다. '저 밭을 언제 다 맬꼬?'하고 걱정스러워 할 때는 온 몸에 힘이 빠지고 일할 용기가 나지 않아 주저앉아 일어날 줄을 모르더니, '시작을 했으니 이미 끝난 것이지'라는 마음을 내자 몸이 저절로 일어나 지고 일도 저절로 다 한 듯 하다.

한 생각이 힘들게도 하고 또 전혀 한 사이 없이 할 수도 있게 한다는 것을 체험을 통해 알게 된 것이다.

마음을 어떻게 다스려 쓰느냐에 따라 나와 내 주변 온 우주법계도 달라진다는 사실을 배웠다.

시작이 반이라는 말도 이래서 생겼나보다. 이리해서 고추밭에 풀을 뽑고 호미질을 해도 이 또한 수행이고 정진임을 알게 되었다.

생각 나기 이전임을 알고

공부라고 할 것도 없지만 또 공부 아니라고 할 수도 없는 일, 이즈음 나는 어딘가 나사못이 빠진 듯 멍청하다. '왜 이럴까? 어떻게 하는 것이 열심히 잘 하는 것일까? 잘 하도록 하자, 열심히 잘 하도록 하자!'고 마음 저 깊은 곳에 대고 주문을 했다.

어느 날이다. 나는 대문을 밟고 올라 옆에 있는 감나무에 발갛게 익은 감을 따고자 했다.

누구(모습 없는 모습)인가 와서 대문을 열라고 한다. 내려가 빗장을 열어야겠다고 생각을 했는데 이미 빗장이 열린 것이다. 그리고 저 아래로 뜰에 걸려있는 솥 밑에는 수북하게 싸인 잿더미 속에 약간의 불씨가 꺼지기 직전인가 싶더니 어느 틈엔가 몇 만분의 일 찰나에 장작이 아궁이 가득 지펴졌고 불까지 활활 타고 있는 것이다. 보이는 이 몸은 장작을 지핀 일도 불을 붙인 일도 없는데 이미 불은 세차게 타고 있는 것이다.

또 장면이 바뀌어서 큰스님과 나와 아들이 자그마한 오두막집 한 평도 안 되는 작은 방에 함께 있었다.

큰스님께선 저 아래 큰 절로 가시고자 한다는 생각이 들어 스님의 신을 닦아 드리고자 마루 아래로 내려섰다. 마루 밑에 놓인 스님의 신은 까만 남자 구두였는데 언제 신어보셨는지 알 수 없을 정도로, 아니 신발의 형체조차 알아보기 힘들도록 더러워져 있었다.

수건으론 닦이지 않는다. 물로 닦을 수밖에 없겠다고 생각이 나는데 어느덧 냇물처럼 바닥에 물이 흐른다. 그리곤 신발도 그냥 닦여졌다. 손도 대기 전에 말이다. 방에 들어와 보니 이미 스님은 아니 계신다. 저 아래로 큰 절로 내려가신 것이다.

꿈에서 있었던 일들이 다 무엇을 의미하는 것일까? 오두막집 작은 방에 스님과 나와 아들은 3세(三生: 전생, 금생, 내생)가 한자리 하고 있는 내 마음자리이고, 저 아래 큰 절은 우주법계를 말하는 듯 싶다.

'아궁이에 지펴진 장작은 무엇이며 활활 타는 불꽃은 또 무엇인가? 무엇을 가르치려는 것일까? 불이 꺼지지 않도록 끊임없이 용광로에 헌 쇠를 넣어야 하는구나. 맥없이 밍밍하게 그냥 그렇게 해서는 안 되는구나.' 하는 생각이 든다.

그러면서 신발 따위를 신고 다니려면 얼마나 제한이 많겠는가? 발 없는 발로 손 없는 손으로 오고 가시며 하고 계신다는 것을 알게 되었다.

마음은 몸이 없으니 신발인들 왜 필요하겠는가? 그냥 그대로 전광석화 빛 보다도 더 빠르고 정확하게 오고 갈 수 있다는 것을 보인 것이라고 느껴진다.

마음 깊은 곳에는 용광로와 같은 재생의 불가마가 있어 무엇인가(생활 속에 일어나는 눈에 보이는 것이든 아니 보이는 것이든) 헌 쇠를 던져 넣으면 새로운 것으로 재생이 된다는 것이다.

잘 되도록 넣으면 잘 되고 안 좋게 넣으면 안 좋은 것으로 재생이 된다. 마음을 잘 다스려 써야 함을 의미한다.

이렇게 해서 나는 항상 마음의 눈으로 내 마음과 육신의 행을 지켜 좋은 것은 고마운 마음으로 던져 놓고 안 좋은 것은 좋은 것으로 잘 다스려 가자고 던져 넣어 좋은 것으로 재생시켜 건질 것은 건지고 없앨 것은 없이 하면서, 발 없는 발로 길 없는 길을 빛 보다도 빠르게 오고 감도 없이 오고가면서, 하는 것도 아니하는 것도 아니게 그냥 그대로 하는 것이 바로 공부이며 수행이며 생활(삶)이라고 알아진다.

넘치지도 말고 모자라지도 않게, 세지도 약하지도 않게 몸도 마음도 다스려 가는 것이 잘하는 것인가 보다. 마음을 내기 이전에 이미 항상 진행하고 있는 무엇(힘)인가가 있는 것이 느껴진다. 108 염주알이 생각된다.

간절한 마음이 법이 되고

자수성가를 해서 지금은 재벌이라 해도 될 만한 재산가의 이야기를 적어본다. 연세 높으신 분들 대부분의 생활이 그러했듯이, 그도 어린 시절 굶기를 밥 먹듯 했다고 한다. 내가 크면 돈도 많이 벌고 이른바 빽이라는 것도 많이 만들어야지 하는 생각을 수도 없이 했다고 한다.

온 주변을 다 뒤져 보아도 순경 한 사람도 없던 그는 '이럴 수는 없다. 반드시 빽이라는 것을 만들어야 한다'고 생각했다는 것이다.

자신의 힘이 미약하다고 느껴서였으리라. 건강하게 자라 부인을 맞이하고 자식을 두고도 살기가 참으로 힘겨웠던 중 사업이라는 것을 빚으로 시작하였다.

그러면서 새롭게 많은 사람을 만나게 되었다.

사업은 우여곡절 끝에 번창하였고 그가 만났던 사람들 가운데는 이상하리만치 많은 사람이 높은 자리에 올라앉게 되었다.

이른바 빽이라는 것이 만들어진 것이다. 대수롭지 않은 인물로 만나 허물없이 지내던 그 사람들이 높은 자리에 나아가다니….

자신의 젊은 날을 회상하며 감개무량해 했다. 뼈저리게 가난했던 어린 시절 간절했던 그 한 생각이 그대로 표출된 것이다.

박정희 대통령의 새마을 노래가 생각난다.

잘 살아보세 잘 살아 보세

우리도 한 번 잘 살아 보세

이 나라의 보리고개란 말이 없어지게 한 대통령의 간절했던 소망이 아니였던가!

주변의 어려운 많은 친지들을 돌보아가며 성실하게 살고 있는 그를 보면서 참으로 간절한 한 생각의 위력을 다시 한 번 절감하면서 내 생활을 뒤돌아보게 한다.

개운치 않은 마음으로 되돌아오고

선원에 가고자 버스정류장까지 왔다. 왠일인지 가고 싶지가 않다. 가고자 떠나온 마음은 무엇이고 가고 싶지 않아 되돌아가려는 마음은 또 무엇인가? 마음을 바꾸려 애를 쓰지만 역시 가고 싶지 않다. 왜 이럴까? 이 마음이 왜 이럴까? 개운치 않은 마음으로 그냥 집으로 돌아왔다.

옷을 갈아입고 책이나 볼까? 하는데 느닷없이 현관문을 두드리는 사람이 있다.

문을 열고 보니 두 사람의 남자가 우뚝 서 있는 것이다. 나를 놓칠세라 그들은 바삐 성경책을 폈다. 그리고 하나님의 말씀을 전하러 왔다고 한다.

교회의 전도사들이었다. "이렇게 좋은 말씀을 전하려 오셨는데 누추하지만 안으로 드시지요." 하면서 안방으로 안내를 한다.

참으로 어이없는 행동을 한다. 상식 밖의 일을 거침없이 하고 있는 것이다. 앞에 일도 뒤에 일도 생각 되지 않았다. 뒤에 생각하니 아찔하다. 알 수 없는 허허로운 웃음이 터진다.

다른 때 같으면 약속이 있어 나가야 하니 다음에 오라고 문 안에도 안 들였을텐데 어찌 이런 일을 하는 것인지 나도 모르겠다. 안방에 들어온 그들은 어리둥절한 눈으로 온 방안을 휘둘러보고는 이내 성경책을 폈다.

신나게 이야기를 시작했다. 두어 마디, 정말 무어라고 했는지조차 알 수 없는, 들었는지 조차도 기억에 없는 말을 했다. 그러자 순간 나는 그들의 말꼬리를 낚아챘다.

그리고 불교가 무엇인가? 어떻게 살아야 하는가를 설명하기 시작했다. 내가 생각해도 너무도 조리있고 힘차게 어디서 그렇게 말이 쏟아져 나오는지? 참으로 놀랍다.

그 중에 한 사람이 열심히 들으며

"네, 네 그렇지요 네 그렇습니다."를 연발한다.

얼마나 시간이 흘렀을까 모를 즈음에 한 전도사가 어서어서 이곳을 빠져 나가야겠다고 조바심을 하다 못해 "이제 그만 갑시다." 한다.

"죄송합니다. 손님 대접을 이렇게 하는 게 아닌데 이야기에 팔려 차 한 잔도 대접을 못했네요." 했다.

"아닙니다. 오늘 좋은 말씀 정말 고맙습니다." 한다.

열심히 듣던 바로 그 전도사의 인사말이다. 이렇게 해서 두 사람의 남자는 돌아갔다.

너무도 뜻밖에 회오리바람처럼 몰아친 사건이었다. 왠지 마음이 시원하다. 꽉 막혔던 것이 확 뚫린 것 같다. 그 전도사의 마음이었으리라.

버스정류장까지 나갔다 이유 없이 되돌아와야 했던 이유를 생각해본다. 선원에 가는 일보다 이 사람들을 만나는 것이 더 급하고 중한 일이었던 것 같다.

찰나의 인연을 놓칠 수 없는 절박함이 나를 집으로 되돌아오게 했던 듯 싶다. 파격적인 무모한 행동 또한 무엇이었을까?

아마도 열심히 "네 그렇습니다."를 말해 준 바로 그분을 위한 배려가 아닐지 생각해본다.

노모를 모시면서

부끄러운 일이지만 나는 노부모를 모시지 못했다. 시부모가 계셨지만 계모인 시모님께서는 당신의 소생인 아드님을 선택하셨다. 맏며느리가 많이 부족하셨던 듯싶다.

어느 날 가족 같은 마음으로 지내오던 친구가 자기 친정집 이야기를 들려준다.

젊어 혼자 되어 평생을 홀로 사신 시모님이 년만하여 대소변을 못 가리실 정도가 되었다.

앉은 자세 하나도 흐트러짐이 없으셨던, 너무도 철저한 삶을 사시던 분인데 몸이 무너져 못쓰게 되니 어쩔 수가 없었던 모양이다.

며느리(올케)가 돌보아 드릴 수밖에 없었다. 그런 모습을 시집간 딸(친구의 딸)은 너무도 가슴 아파 했다. 그리고 올케 언니에게 미안하고 죄송하여 어쩔 줄을 몰라 했다.

올케 언니 앞에 "언니 미안해요, 죄송해요."를 달고 산다고 했다. 정말 죄인 같은 심정이라고 했다.

"아가씨! 어머니는 나라도 있으니 이렇게라도 돌보아 드리지만 나는 장차 어찌할지? 걱정이야."

당신의 소생이 없는 올케가 몹시 서글퍼 하더라는 이야기를 들려준다.

이 말을 듣는 순간 '아니, 언니는 그런 일 없이 깨끗하게 거두어 갈 거야, 어머님을 씻겨 드리는 것도 자기 몸을 씻는 것이고, 대소변을 받아 내는 것도 자기의 대소변을 받아내는 일인데 미리 다 해 마쳤으니 그런 일을 누구에게도 맡길 일이 없지!' 하는 생각이 났고 또 그렇게 말을 했다.

흠칫 놀란다. 이런 생각과 말을 하면서 내가 나를 가르치고 있음을 알았다. 너무도 고맙고 놀라워 가슴이 벅차다. 눈물이 또 흘러내린다.

오! 부처님! 이렇게 해서 무엇 하나 거저임이 없고, 무엇 하나 남을 위하는 일이 없고, 또한 모두가 내 일 아님이 없음을 알면서 오늘도 고맙고 고마운 눈물을 흘리면서 절 아닌 절, 한마음선원을 향하여 발길을 옮긴다.

불佛이란 화하여 나툴 수 있는 힘

오늘도 새벽같이 일어나 아침공양 준비를 하고 있다. 개미 쳇바퀴 돌리듯 매일매일 반복되는 생활을 돌아보면서 빈 그릇들을 씻고 있다.

먹고, 비우고, 먹고, 비우고를 되풀이 하는 이 삶의 의미는 무엇일까? 무엇일까?

불佛이란 에너지화 하여 나툴 수 있는 생명의 힘이라는 생각이 번쩍 전광처럼 떠오른다. 부처님이란 바로 불佛을 깨우치신 분을 지칭하는 말에 다름 아님을 알게 된다.

고맙고 또 고마웠다. 이러고 보니 항상 고마운 마음이 되어 살 수밖에 없구나. 화하여 나툴 수 있는 이 힘은 언제부터 존재했을까? 누구에 의해서 만들어졌을까? 그대로 자연히…?

말의 영역을 벗어난 참으로 엄청난 힘의 논리가…. 나는 그 자리에 돌처럼 주저앉아버렸다. 보이지도 들리지도 만져지지도 느낄 수도 없는 이 엄연한 존재 앞에 누가 있어 네니, 나니 이러쿵, 저러쿵 토를 달 수 있겠는가?

모습을 보였다 접었다의 연속인 이 삶이 그대로 불佛의 나툼이고 살림살이인 것을. 모습이 있거나 없거나 항상 기쁘고 즐겁고 편안하고 그리고 보람 있게 물처럼 바람처럼 걸림 없이 지내면 그 뿐인 것을, 이 밖에 또 무엇이 있으랴!

근무 격증을 앓다 간 친구

배 안에 있을 때부터 기독교인이었던 친구가 있었다. 자라면서도 기독교 계통의 학교만을 다녔으니 그 믿음 또한 더더욱 돈독할 수밖에 없었으리라. 그런데 다른 교인들과는 사뭇 달랐다.

기독교인다운 아집이 두드러지질 않았다. 모든 것을 평범하게 수용하는 편이라 느껴졌었다. 대학을 졸업하고 오랫동안 교직에 몸담았었다.

몸이 남달리 육중하여 고민 아닌 고민도 컸으리라. 하지만 항상 편안하고 강한 의지를 가지고 살다간 여인이었다.

어느 날 남편을 따라 미국으로 떠났다. 남편이 미국 지사로 발령을 받았기 때문이다. 5년간 머물면서 아들을 미국대학에 진학시켰다.

남다른 애정을 쏟았던 아들이지만 미국에 두고 두 부부만 귀국했다. 귀국 후 삼선포교원 지광 스님께 인연법을 공부한다고 했다. 참으로 복잡하고 어렵다는 이야기다.

어느 날 병원에 입원했다는 소식이 전해졌다. 정신은 말짱한데 사지가 마음대로 움직여주지를 않는 것이다.

근무력증이란 병명이다. 병실을 찾은 나에게 고맙다며 합장을 한다. 아마도 내가 불교를 믿고 있다는 것을 의식해서였으리라.

가까스로 두 손을 모으는 그녀가 너무 안쓰럽고 고맙기 그지없다. '스님께 말씀드리고 열심히 마음공부를 한다면 낫지 않겠는가?' 하는 생각이 스친다.

오고 아니 오고는 그쪽의 일이고 나는 내 일을 충실히 이행해야 되겠다는 마음으로 스님에 대한 이야기며 마음공부에 대한 설명을 하고 이 공부를 잘 한다면 병 자체가 없을뿐더러 병이 붙을 자리도 없어 편안할 수밖에 없다는 이야기 등등을 전하고 왔다.

남편으로부터 전화가 왔다. 스님을 찾아뵙겠다고 했다. 그러나 뵙겠다고 약속한 날 그는 차마 찾아뵐 수가 없다고 했다.

하긴 수 십년 믿어온 신앙의 방향을 그리 쉽게 바꿀 수야 없겠지만 안타까웠다.

그런데도 어인 일인지 나는 스님께 말씀을 올리고자 했다. 그러는 나를 혜수 스님께서 꾸중을 하신다.

"보살님까지 그러시면 어떻게 해요." 하신다.

스님께 말씀 올리지 못하고 난처해 섰는 나를 보시고, 스님께서 웃으시면서 합장을 하신다. 알았다는 표현이시다.

얼마 후 나는 다시 병실을 찾았다. 환자가 없다. 환자가 많이 좋아져서 요즘은 휠체어를 타고 산책을 한다고 했다. 너무도 기쁘고 또 고마웠다.

그러나 그것도 잠시 한 바가지의 끓는 물에 불과했던 듯 단단한 얼음 위에 끓은 물은 잠시 녹일 듯 했지만 다시 얼어붙고 말았다.

얼마 후 다시 병실을 찾았을 땐 말은 고사하고 음성까지 입 밖으로 나오지를 않았다. 손가락으로 글씨를 써서 간단한 의사 전달을 하는 형편이 되었다. 한번 해보지 않고, 되든 아니 되든 최선을 다해 볼 필요가 있지 않았을까? 매우 안타깝다.

종교가 무엇이길래… 이렇게 해서 사랑하는 내 친구는 이생에서의 그 불편했던 모습을 감추었다.

마음공부란 종교가 아니다. 마음의 과학, 보이지 않는 생명의 힘의 과학이라고 생각되었기에 감히 그 남편에게 권해 본 것이었는데 말이다….

이것도 그렇게 밖에 될 수 없었던 어떤 이유가 있었으리라 믿으면서 아쉬웠던 마음을 밀어 넣었다.

마음이 행으로 이어지기까지

종교가 없었던 나는 독실한 기독교 집안으로 출가를 했다. 시모님의 제사도 추도식으로 받들었다. 장남이기 때문에 시집을 간지 2년 만에 시모님의 제사를 내가 모셔왔다.

생소하지만 지금까지의 시댁의 뜻이었고 행사였으니까 정성을 다해 받들었다. 하지만 마음 한구석에 무엇인지 모를 석연치 않은 것이 있다. 꼬집어 말할 수 없는 그 무엇일지 모르겠다.

간소한 제수를 올려 제사를 모시는 모습만을 익혀왔던 탓이려니 했다. 그렇게 7~8년이 지난 어느 가을날 시아버님께서 은밀히 나를 불러 앉히신다.

아무도 근접하지 못하게 하셨다. 주위에 눈들이 의아하여 번뜩였다.

첫 말씀이 "얘! 왜 너의 어머니를 굶기니?" 하신다.

무슨 뜻인지 몰라 어리둥절하고 있으려니 "제사를 지내 드려라. 나는 항상 굶기는 것 같아서 마음이 편안치 않다. 이래서는 안 되겠다."

"주위에서 가만 있지 않을 텐데요. 어머니나 시누이, 동생들이 가만 있겠어요?"

"네가 할 탓이다. 대가 약해, 네가 대가 약해." 하신다.

"알았어요."

이렇게 해서 제사라는 의식이 이 집안에 싹이 트기 시작했다.

2년 후 1976년 5월 보충대 자리에 새 집을 짓고 이사를 했다. 새 집에서 새로운 마음가짐으로 제사를 모시기로 마음을 다졌다.

아버님의 분부가 계셨던 터라 남편도 흔쾌히 승낙을 했다. 그래서 그 다음해 1977년 3월(음력 2월 21일) 시어머님의 제사를 추도식이 아닌 제사로 모시겠다고 입을 열었다.

얼마 후 아버님께서 올라 오셨다. "얘! 그 일은 없었던 것으로 하자." 하신다. 거센 반발이 있었던 것이다.

"아버님! 그만한 것쯤은 예상하셨던 일 아닌가요? 무슨 장난하나요? 이랬다, 저랬다. 아버님! 저는 말하기는 어려워도 말한 것은 꼭 실천합니다. 아버님도 그렇게 아시고 계세요." 말씀드리고 입을 다물었다.

이러지도 저러지도 못하게 된 입장이니 기분이 좋지 않으시다. 추도식은 돌아가신 날 지내고 제사는 전날 지내는 의식상의 습관 때문에 추도식 전날 식구들끼리 제사를 모셨다.

그리고 다음날은 예년처럼 추도식으로 지냈다. 식구들이 모였으니 음식 장만도 하고, 예배만 보면 되니까 그냥 손님들을 대접한다는 생각이면 되었다. 이렇게 해서 첫 제사를 모셨는데 왠지 마음이 떨떠름하다.

다음해 또 제삿날이 되었다.

문득 생각이 났다. 집에서 추도식을 할 것이 아니라 산소로 가자고 제의를 했다. 모두 좋아라 찬성을 해 주었다. 이렇게 해서 집에서는 제사를, 산소 앞에서는 추도식을 했다.

그날따라 봄비가 촉촉이 내리고 있었다. 산에다 화톳불을 피우면서…. 야외에 나온다는 마음으로 즐거웠는데 비가 내리니까 다른 가족들의 마음이 어떠했을지?

그러나 끝까지 좋은 얼굴로 지냈음을 감사했다.

이로써 우리 집에서 추도식이라는 행사는 자취를 감추게 되었고 이쪽 저쪽을 오가는 번거로움이 정리되었다.

한국적인 전통의 맥을 되찾은 것이다. 하지만 제사 때마다 시동생들은 오지 않았고, 아버님이나 아이 아빠의 심기는 편치를 않으셨다. 그 화살은 다 내게로 꽂혀왔다.

엉뚱한 사건들이 생긴다. 무던히도 참고 견딜 수밖에 그렇게 살얼음판을 걷고 있는 중에 또 다른 일이 생기고 또 다른 일이 겹치고를 하다 보니 동서간에 따뜻했던 마음까지 얼어버렸다.

종교간의 갈등이었다. 교회로 몰고 가고 싶은 가족들의 몸부림이 눈에 띈다. 하지만 오랫동안 지켜본 교인들의 생활은 내 마음을 끌고 갈 힘이 없었다.

'좋은 마음이 되자, 반가워질 수 있는 마음이 되자.'고 무수히 가슴에 주문을 했다. 그렇게 하기를 한 2년… 마음이 편안해졌다. 이제는 만나도 불편함이 없을 듯싶다.

그런데 그게 아니었다. 마주치는 순간 얼굴이 굳어진다. 내가 아직도 살아 있음을 깨닫는 순간이다. 무엇이 있어 나쁘다 할 것이며 거북하다 할 것인고? 행行 또한 편안하도록 하자고 주문 아닌 주문을 마음을 향해 외쳤다.

년년이 그 껄끄러움이 덜해지더니 이제는 누구를 만나도 그냥 어제처럼 조용하다. 바람이 자니 물결도 잠을 자는 것일까? 마음을 다스리기 2년, 마음과 행을 일치시키느라 수년이 걸렸다.

가장 가까운 사이의 인연 다듬기가 곧 수련이었고 이러한 과정들의 연속이 곧 삶이라고 결론지으면서 항상 좋은 마음과 행으로 살고자 어제도 오늘도 정진 아닌 정진을 하고 또 내일도 그러할 것이다.

매일 아침 수목원의 풀을 베다

스트로잣나무, 산딸나무, 수양벗나무, 단풍나무, 플라타너스 등등 나무가 풀과의 경쟁 속에 나날이 다르게 자라고 있다. 풀은 참으로 놀랍게도 잘 자란다. 뽑고 돌아서면 어느새 또 그만큼 커 있고, 뽑고 돌아서면 다시 또 그만큼 커 있다. 그 속에서 나무들은 많은 시달림을 받는다. '숨을 쉴 수가 있어야지!' 안쓰러워진다.

매일 아침 수목원의 풀을 벤다. 먼동이 트자마자 밭으로 나가 세 시간 정도 일을 한다. 몸도 마음도 가볍다. 온몸이 비에 젖은 듯하다. 이슬을 흠뻑 뒤집어쓴 것이다. 이렇게 풀베기를 거의 매일 되풀이한다.

아무런 생각 없이 운동 겸 하던 일이 오늘따라 왠지 의문이 생겼다.

'왜 이렇게 해야 되는 거지? 그대로 두어도 나무는 풀을 이길 수밖에 없을 텐데 말이다.'

해야 하는 필경 이유는 있다. 나무가 잘 자라도록 하는 것이겠지만 또 다른 이유가 있는 듯싶다. '왜일까?'

생각에 젖는다. 마음이 녹이 슬까봐 해야 한단다. 마음의 녹이 슬지 않도록 하기 위해서 해도 안 해도 그냥 그냥인 것을 나는 매일 아침 이슬에 젖어 풀을 베었고 마음과 몸의 활력을 돋구어 왔던 것이다.

그 무엇도 대가는 있는 것이다. 말끔히 다듬어진 수목원을 보는 눈이 즐겁고 가슴이 시원하다. 몸 또한 가벼우니 참으로 즐겁고 기쁘다 하지 않을 수 없다. 베어질 수밖에 없는 풀들에게 미안하다.

이런 곳에 나지 않았다면 벨 일도 베어질 일도 없었으련만 기왕에 나왔거든 좀 덜 자라주었으면 좋겠다.

바람처럼 물처럼

꽁꽁 얼었던 시냇물이 모두 풀렸다. 이곳 저곳에서 씨 뿌릴 준비에 바쁘다. 고춧대를 뽑고 비닐을 거두고 마른 풀들을 모아 태운다. 희뿌연 연기가 안개처럼 산허리를 맴돌다 사라진다. 비닐 태우는 일만은 안 해 주었으면 좋으련만…. 정부도 농민도 내일을 돌보아 주었으면 좋겠다. 몸살을 앓고 있는 산하대지가 안쓰럽다.

우리도 자손들도 모두 오래오래 잘 살 수 있는 이 땅이 되도록 바라면서….

삽질을 했다. 발밑에 흙이 부드럽다. 심고자 하는 작물에 따라 요리를 한다. 거름을 뿌리고 농약을 뿌리고 간격을 맞추어 재단을 하는 것이다.

씨와 함께 마음도 심었다.

파란 새싹이 올라 왔다. 신비롭고 엄숙한 마음으로 들여다본다.

빠짐없이 발아가 되었나도 살피면서, 사과나무며 배나

무의 잎이 트기 시작했다. 은행나무, 호두나무, 복숭아, 살구, 포도나무에도 질세라 세차게 잎이 터지고 있다.

내일도 오늘처럼 사람들은 이 생명의 신비를 지켜보면서 경이로운 감탄을 되풀이 할 것이다.

밀짚모자를 쓰고 풀을 뽑던 허리를 펴노라니 한줄기 바람이 참으로 시원하다. 땀을 닦아주시던 내 어머님의 손길인양 부드럽고 달콤하다.

순간 바람처럼 물처럼 살다 가야 한다는 생각이 든다. 씨를 뿌려야 할 때엔 씨를 뿌리고, 풀을 뽑아야 할 때면 풀을 뽑고, 땀을 말리고 싶으면 바람을 쏘이고, 냇물에 뛰어들어 목욕을 하고 싶으면 목욕을 하고…, 흐르다가 돌에 걸리면 돌아서 가고 웅덩이를 만나면 쉬었다 가고, 센 물살을 만나면 함께 세차게 흐르면서 쉼 없이 말이다.

도시에도 농촌에도 바다에도 거침없이 불어대는 바람처럼 머무를 것도 거칠 것도 없이 그냥 그렇게 살다가야 하는구나. 그렇게 말이다.

밀짚모자를 젖히고
파란 하늘을 본다
번뜩이는 눈빛이 산하대지를 덮었구나

산은 산이로되 물이었고
물은 물이로되 산이었던 것을

누구의 입김이 이리도 훈훈하여
천지가 아름다움일지?

이 뜨거운 가슴
삼천대천세계를 한입에 꿀꺽
삼켰다 토하니

아 자지러지는 아픔
그대로 아름다움이로고

오 부처님! 죽음도 삶도 아닌 힘의 작용 속에 새싹이
피고 낙엽이 지고 끓는 팥죽 한 방울이 되어 한줄기
바람처럼 물처럼 그냥 그렇게 위할 것도 위함도 없이,
더할 것도 덜할 것도 없이 이냥 이대로 영원히 영원
히….

108배

지금은 새벽 4시
캄캄한 방바닥에 엎디어
절을 한다

하늘을 이고
땅을 딛고 서서
숨을 쉴 수 있는
육신의 옷이 고마워 절을 한다

쏟아져 내리는 햇빛
빗방울을 잉태한 먹구름이 있고
파아랗게 돋아나는 새싹들이 고마워

오늘도
나는
절을 한다

부모 형제 남편과 자식
가까이서
혹은 멀리서 바라볼 수 있는
친지와 친구가 고마워

나는
절을 한다

아픈 마음을 하고 있는 사람도
슬픈 마음을 하고 있는 사람도
괴로운 마음에 갇혀 몸부림치는 사람도
미운 마음에 묶여 몸서리치는 사람도
불안하고 두려운 마음에 갇혀 떨고 있는 사람도

모두 모두 좋아라 춤을 추도록
하고파

오늘도 나는 절을 한다
온 세상이 모두
하하 호호

웃음 속에 신나는 춤의 동작만이
일렁이기를 바라면서

오늘도
나는
108배 절을 한다

108배 절을 할 수 있도록
이끌어주신
부처님이 고마워

오늘도
나는
어김없이108배 절을 한다

소나무

소나무
나는 왜 이리 소나무가 좋은지 모르겠다
가슴이 두근거리도록
나는 소나무가 좋다

오늘
나는 소나무로 가로수
식수를 했다
잔뿌리 하나라도 다칠세라
소중하게 분을 떴다

아기처럼 곱게 가슴에 안아
정성스레 파 놓은 구덩이에
조심조심 앉혀

아름드리
낙낙장송의 꿈을 심었다

자작자작 비가 내린다
잎새마다 영롱한 희망의
구슬이 달린다

산소가 갈라지고

오랫동안 폐암으로 고생하시던 시아버님께서 이 세상을 떠나셨다. 기독교 의식으로 장례를 모셨다. 동생들과 시모님의 뜻을 따른 것이다. 49재는 선원에서 하고 금왕지원으로 모신다는 조건으로 타협을 본 것이다.

입관을 하려는데 어디선가 나지막히 우는 소리가 끊임없이 들리더란다. 작은집 사촌 동서의 말이다. 아무리 살펴보아도 우는 사람이 없었는데 어디에서 그런 울음소리가 들렸는지 모르겠다며 혹시 작은 아버님께서…? '네가 나를 금왕에 탑으로 좀 갈 수 있도록 꼭 좀 힘써달라'는 유언 아닌 유언을 하셨다는 말과 함께 전한다.

뜻대로 움직일 수 없으셨던 마음을 사촌동서의 귀에 남김인 듯 입관을 하자 딱 그쳤다고 했다.

장례날이다. 하관을 하려는데 흙이 무너져 칠성판을 어지럽혔다. 들어가시기가 싫으신가 보다. 하지만 다시 정리를 하고 모셨다.

돌아가시기 전 어머님을 탑에 모시고, 또 당신도 그곳

금왕지원 탑으로 가시고자 기회를 엿보셨다고 했다.

거동도 어려우신데다 작은 아들들이 지켜 앉아 있어서 기회를 얻지 못하셨다고 하신다. 장례는 무사히 잘 모셨는데 나는 마음이 바쁘다.

금왕지원으로 빨리 모셔가야 할 것 같아서다. 아이들 아버지가 말을 안 듣는다. 7.7재가 지난 다음에 모시기로 했으니 그렇게 하자고 한다. '그럼 그렇게 하는 거지' 라고 마음정리를 했다. 마음이 고요하다.

첫 7재가 되었다.

형체도 없는 어떤 사람이 방안으로 들어오면서 '밖에 있는 짐은 누구 꺼야?' 한다. 까만 배낭에 까만 강아지 한 쌍을 넣어 문 밖에 져다놓은 짐 생각이 났다. 어찌되었을까? 걱정스러웠다. 깜짝 놀라 뛰어나갔다. 이 한 쌍의 강아지는 이미 꺼내 놓아진 상태였다. 그 중 하나는 확실하게 건강하였으나 하나가 영 죽은 듯 움직임도 없이 빳빳하다. '안 되는데 살아야 하는데, 살아야 하는데.' 안타까워 부둥켜안고 손으로 온 몸을 쓰다듬었다. 발가락이 조금씩 움직인다. 선원 앞 슈퍼에서 우유를 사다 먹이니 좋아라고 핥아먹는다. 꿈이었다. 선원에 모셔왔음을 알리고 또 보살핌이 있음을 보여준 것이다.

배낭은 산소를 뜻하고 두 마리 까만 강아지는 볕을 볼

수 없었던 바로 산소 안에 모셔졌던 두 분 시부모님들 생명체의 표현이었다고, 첫 7재 전에는 선원 밖에 모셨다가 첫 7재날 선원 안에 모셔졌으며 또 보살핌을 받고 계심을 보여준 것이다.

그렇게 3.7재가 지난 어느 날 큰시어머님(伯母)의 49재날이 되었다. 목동에 있는 법안정사에서 지냈다.

시어머님께서 오셨다. 나를 보시자 두려운 듯 불안한 듯한 표정으로 "얘, 산소가 갈라졌더란다. 아버지 산소가 많이 갈라졌더란다. 산소가 왜 갈라지니?"

산소가 갈라졌다는 얘기는 내 생전 처음 듣는다.

"별일 없겠지?" 하신다.

"그러믄요. 아무 일도 없어요. 걱정하지 마세요." 했다.

돌아가신 아버님의 거취를 알 것 같다. 그곳에 묻히기 싫으셔서 먼저 흙을 몰아넣었고 그래도 그곳에 모시게 되니 내 마음이 그리도 급했던 것이다. 빨리 나오시고 싶으셨던 것 같다.

그러나 아이들 아버지가 49재 지난 후에 모신다는 바람에 첫 7재까지 기다렸다 선원으로 모셔왔는데 그 산소에는 이미 아니 계신다는 것을 현실적으로 보여주신 것이리라. 얼마나 역력한 일인가? 굳이 봉분 다짐에 문제가 있었다고 애써 생각을 해보지만 이는 있을 수 없는 일이다.

어느 날 스님을 뵙게 되었다. 생각지도 않았던 바로 이 말씀을 여쭈었다.

"그래, 그게 그냥이야? 현실적으로 보여 주신 거지." 하신다. 하지만 지금도 동생들은 지극하게 산소를 돌보고 있다.

어쨌거나 고마운 일이다. 그들은 그들대로 믿음이 있고 의식이 있으니 그들의 마음에 충실하고자 함이니 이 어찌 좋다 하지 않으리.

어머님의 칭얼거림

9남매를 낳아 기르신 우리 어머니, 마루 끝의 먼지 한 톨도, 발고랑 내 한 줄기도 용납할 수 없으셨던 어머님, 그 철두철미하셨던 삶을 어찌하시고 저리도 몸을 못 가누어 누우셨는지? 너무도 안쓰러워 에이는 가슴으로 지켜본다.

명의도 명약도, 첨단을 걷고 있는 현대의학도 자손들의 효심도 아랑곳없이 그저 어제처럼 오늘도 누워계신다.

거기에 더하여 아버님에 대한 원망스러운 마음이 거침없이 쏟아져 나온다. 주변 사람들에 대한 의심의 말씀 또한 거침이 없으시다. 듣기 민망스럽고 두려움에 부디 삼가시도록 청해 보지만 허사다.

"엄마, 세상에 나왔으니 틀림없이 가야하는데 어찌하겠어요. 엄마도 사실만큼 사셨으니 멀지 않아 세상을 뜰 수밖에 없는 것 아시지요? 좋은 마음으로 편안하게 눈을 감으셔야 해요. 좋은 마음을 가져야 선신들이 모여 좋은 곳으로 안내를 한대요. 부디 좋은 마음을 가지도록 하세요. 안 좋은 생각이 올라오거든 좋은 마음을 갖자고, 괴롭거던 편안하자고, 엄마 마음에다 대고 끊임없이 주문을 하세요. 안 좋은 마음을 내는 것도 엄마 마음이고, 좋은 마음을 내는 것도 엄마 마음이니 이왕이면 좋은 마음을 갖도록 하자고 항상 마음을 향해 부탁을 하세요. 엄마 마음이 좋지 않으면 그것이 바로 지옥이지, 지옥이 따로 있는 게 아니라니까요."

뵈올 때마다 틈만 있으면 불공을 드리듯 외어댔다. 들으시고 이해를 하시는 듯 하지만 도로 마찬가지다. 하지만 아시거나 말거나, 하시거나 말거나 그냥 외어대는 것이다.

그러던 어느 날 그날도 어렵사리 큰 마음을 내어 강원도에서 광릉까지 어머님을 뵈러 다녀왔다.

저녁준비를 하고 있으려니 문득 무엇인가 불쑥 그 모든 것이 어린아기의 칭얼거림이란 것이다. 몸이 불편하다든지, 배가 고플 때 어린아기가 칭얼대고 보채듯이 말이다.

내 마음이 좋고 나쁨을 가려 듣고 있었기에 미워하고 원망하고 의심하는 말로 들렸을 뿐, 이미 어머님의 말씀 모두가 그저 몸이 불편한 어린아기의 칭얼거림 바로 그것이었다.

어머님의 말씀이 문제가 아니라 선악의 분별심을 놓지

못했던 내 마음이 문제였던 것이다.

그 험한 말씀은 바로 나를 가르치기 위한 방편이었음을 깨닫고 다시 또 뜨거운 눈물을 흘린다.

어쩜 나는 영원한 울보인가 보다.

그 후에 어머님의 극단적인 험한 말씀은 없어졌다. 물론 칭얼거림은 여전하시지만 몸 또한 많이 회복되셨다. 설사 일어나시지는 못하셔도 무엇을 가르치시고자 저리도 불편하게 누워 계신지?

부디부디 한마음의 자리에 들어 편안하소서!

죽고 삶이 없는 한마음의 자리에 들어 영원토록 편안하소서!

웃음을 선사하는 신도분들

주지스님 앞에 가면, 아니 어느 스님 앞에서고 마찬가지지만 아무런 할 말이 없어진다. '스님, 안녕하세요? 스님, 건강하세요!' 하는 지극히 공식적이고 의례적인 말씀까지도 아끼는 이유를 나는 알지 못한다. 그냥 조용히 절을 하고 물러 나올 뿐이다. 나는 너무도 재미가 없는 사람이다.

그런데 항상 스님 앞에서 즐겁게 웃으면서 이야기를 하고 계신 신도분들이 눈에 띈다. 물론 많은 신도분들은 그런 분들을 좋게 평하지 않고 있음도 잘 알고 있다. 그러나 나는 좋은 것인지? 안 좋은 것인지를 알지 못한다. 그냥 그런 분들이 계시구나 밖에는 생각의 진전이 없다.

그러던 어느 날 그들이 참으로 고마워졌다. 스님을 잠시나마 즐겁게 해 드리고 계신 그분들이 고마웠다. 나는 왜 저렇게 해 드리지 못할까? 스님을 즐겁게 해 드릴 수만 있다면 얼마나 좋을까. 하지만 내겐 그런 재주가 없는가보다.

하지만 저렇게 열심히 즐겁게 해 드리고 계신 신도분들이 있어 참으로 좋다. 어인 일인지 마음이 흐뭇하고 즐겁다.

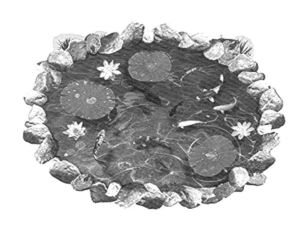

흙에서 살고 가신 아버님

후줄근한 베등걸, 잠뱅이를 입고 현관에 들어서시는 아버님을 뵈었다. 이른 아침인 이 시간 벌써 밭에 나가 풀을 뽑고 오시는 것이다. 참으로 부지런하시다. 이슬로 목욕을 하시는 것으로 하루가 시작된다.

젊었을 때는 채소를 가꾸어 팔아서 자손들을 기르시고 가르치셨고, 연세 들어서는 자손들에게 주시는 재미로 세상을 살다 가신 분이다.

마을 일이라면 모두 내 일이셨던, 특히 궂은일에는 빠질세라 앞장서서 총 지휘를 하시고 또 직접 뛰어들어 하셔야만 직성이 풀리셨던 아버님. 그 누구의 말도 본인이 없는 곳에서는 입도 뻥끗 못하게 하셨다. 더구나 좋지 않은 인상을 남길 만한 말은 말할 것도 없고….

참으로 명예도 아랑곳없고 호강이라는 말도 아랑곳없이 그저 풀 뽑고 밭을 매셨고, 뜨거우면 그늘에 들어 쉬시면서 오직 순간순간에 충실하셨던, 도인이 따로 없으셨던 분이었다.

아이들 아버지가 정년퇴직을 했다. 나 또한 북적이는

도시에서 살 이유가 없어진 것이다. 나만이라도 이 혼란스러움에 가세하지 말자고, 아버님처럼 흙에 묻혀 조용히 여생을 걷으리라고 1998년 10월 강원도 산골 마을로 이사를 했다.

하늘을 이고 바람소리 물소리 새소리를 벗삼아 명예도 부귀영화도 벗어놓고 그냥 조용히 오직 주변에 누구에게도 불편을 주지 않고 한순간에 모습을 거두고 싶은 바램만을 가지면서 꼭 그리 될 거라고 믿으면서……

새해 아침

2004년 1월 1일
오늘은
어제와는 전혀 다른 날이라고

각양각색의
환호의 물결로
온 천지가 일렁인다

정동진 해돋이가
서른세 번
재야의 웅장한 종소리가

어제도 없고
내일도 없고
현실 또한 공하여 돌아가는
이 자리에

이 마음 또한
함께 춤을 추려고 하네

평화와 희망과

축복을 담아
이글대는 태양 속에 불사르고 싶은
오늘

오늘은
2004년 1월 1일
어제와는 전혀 다른

새 날
새 날이라고 하네

운학雲鶴의 달빛

지금은 자정을 넘어선 시간이다. 좀처럼 잠이 올 것 같지 않아 거실에 나와 의자에 앉았다. 낮이면 저 동구밖까지 누구네 차가 들어오는지까지도 알 수 있도록 환하게 보이던 거리가 달빛에 안겨 조용히 잠이 들었다. 어머님의 품속에 안긴 듯 모두가 편안하게 잠이 들었다. 논밭을 갈고 씨앗을 뿌리고 거둘 일도 없이 삶이 이대로 달빛 속에 묻혀 버렸다.

땅 위에 별빛인양 동리 이곳저곳에서 밤마다 반짝이는 가로등도 졸린 눈빛으로 거물거린다. 밭머리에 쭈그리고 달빛에 취해 앉았던 어린시절의 내 모습이 생각나 현관문을 열고 내려서니 이름모를 풀벌레 소리가 천지를 흔든다.

달빛을 온몸으로 이고 자박자박 걸음을 옮기려니 발자국 소리가 너무 소란스럽다. 걸음을 옮길 수가 없다. 벌레들의 즐거운 노래 소리가 멈출까 두려워 그 자리에 조용히 주저앉았다.

흡사 옛날의 내 모습이 이러했을까? 반백이 넘어선 내

가 어찌 옛날과 같을 수 있으랴만 옛날도 지금인양 느끼면서 갑자기 어머님의 손 하나가 온 천지를 덮어 어루만지는 듯 달빛이 따뜻하다.

왜일까? 지금도 나는 어머니라는 말만 들어도 가슴이 뭉클 눈물이 고이곤 한다. 그래서 나는 어머니 은혜라는 노래를 부르지 못한다. 목이 메이고 눈물이 나기 때문이다.

부모은중경이 아니더라도 눈물 없이는 부를 수 없는 이름, 너무도 성스럽고 아름답고 크고 넓고 높은 이름, 이 세상 모든 것을 싸안아 키우는 힘, 그러면서도 정작 당신은 고단함을 입밖에 흘리시지 않으셨던 분이 저렇게 누워계신다. 누구도 어찌해볼 수 없으니 참으로 안타깝다.

시할아버지, 할머니, 시어머니, 아버님의 노후를 돌보아 생의 마무리를 도와드렸고, 많은 농토를 경작하시면서 사회생활에 여념이 없는 남편의 충실한 내조자로, 팔 남매를 사회에 유능한 일꾼으로 길러내신 어머니. 바지, 저고리, 치마 등등 뜯어 빨아 다시 꿰매 입어야 했고, 버선이고 양말이고 누덕누덕 기워 신을 수밖에 없었던 시절, 밤잠 한번 편히 주무시지 못하셨던 정말 무한한 힘이고 능력이셨던 어머니께서, 아 어쩌자고 저리 누워만 계신단 말인가?

부모님의 대소변을 받아내고 병 수발을 하는 것은 바

로 내일의 내 대소변을 받아내는 일이고 병수발을 하는 것이니, 나는 누구에게 괴로움을 주지 않고 편안히 눈을 감는다고 알았는데, 이는 어찌된 이유인가? 무엇인가 가르쳐야 할 것이 있으신가 보다.

온몸을 바쳐서 말이다. 알고 가도록 하자. 명명백백하게 알도록 하자. 참으로 안쓰러워 가슴이 저린다.

내 어찌 어머님의 그림자인들 따를 수 있겠는가? 이밤 온 천지를 휘덮어 어루만지듯한 저 달빛은 어머님의 애무인양 흐느껴 흐르는데…

오! 부처님이시여!

눈(雪)

이천사년 삼월
밤사이 몰래 흰눈이 내렸다

지금도
온 천지를
가만 가만 순백으로 색칠을 하고 있다

이런 날이면
나는 억만 송이 눈꽃이 되어

보고픈
내 친구들의
잠든 창가에 내려서

사랑하는 형제자매들과
삶이 고달파
지친 생명 위에

하얀
이불이 되어주고 싶다

서러움도 녹이고
아픔도 녹이고
괴로움도 외로움도
녹이면서

즐거운 희망의 씨앗이듯
억만 송이
눈꽃이고 싶다

2005년에 적은 생각의 흐름들

사찰에서의 밥 한 수저

- 주방에서 굴러다니는 떡

한마음선원에 발을 들여 놓은 지 얼마 안 되었다. 공
양간에서는 매일 점심공양을 할 수가 있다. 그곳에 오
는 어떤 사람도 다 공양을 할 수 있도록 스님께서 배
려를 하셨기 때문이다. 그런가하면 누구라도 공양간에
들어와 일을 도울 수가 있었다. 시간이 있고 뜻이 있
으신 많은 보살들이 내 집 일인 양 상을 차리고 배식
을 하고 설거지를 하고 청소를 하고… 참으로 아름답
고 따뜻한 정경이다.

그렇게 지내던 중 우리 심원회가 공양간 당번을 하게
되었다. 한 신행회가 윤번제로 공양간일을 도맡아 하
는 제도가 있었고 이 제도는 오늘까지 이어져 온다.

모처럼 일을 하러 공양간에 드니 이곳저곳에 절편, 인
절미 등 떡이 두 서너 개씩 그릇에 담겨 굳고 말라 있
는 것이 눈에 띈다. 아까운 생각이 든다.

그렇지야 않겠지만 이렇게 버려져서는 안 된다는 생각
이 들었다. 주워 모으니 거의 한 대접 정도는 되었다.

욕심에서 일지 아니면 알뜰하게 사는 생활습관 때문일 지는 알 수 없지만 공양주 보살한테 "이 떡 내가 가지 고 가도 되겠어요?" 했다. 물론 쾌히 승낙을 했다.

그 다음 어느날 그날도 여기저기 흩어져 놓인 떡들이 보인다. 한곳으로 모았다. 가지고 가려는 생각이 있었 는지는 알 수 없지만, 그런데 내안에서 내가 가지고 가서는 안 된다는 것이다.

그래서 이 떡을 치우기는 해야 되겠는데 당시 회장직 을 맡다 보니 회원들의 가정형편을 다소 알고 있었기 에 아이들이 있거나 노인을 모시고 사는 분이거나 가 정이 넉넉하지 못한 보살에게 가지고 가라고 하고 싶 었다. 하지만 자존심을 건드릴까 걱정스러워 여러 회 원들을 향해 "이거 누가 갖다가 쪄서 아이들이나 노인 들 좀 드렸으면 좋겠는데, 가져갈 희망자 있으면 가지 고 가도록 하는 것이 어때요?" 했다. 그때도 물론 공 양주 보살의 승낙을 얻어서 말이다. 그랬더니 주었으 면 했던 두 보살이 나누어 가지고 갔다.

삼각산에 있는 승가사의 노스님께서 땅에 떨어진 쌀 몇 톨을 주어 드시고 "이 쌀 누가 흘렸느냐" 하시며 "이승에서 쌀 한 톨을 소홀하게 다루어 내버린다면 다음 생에는 쌀 7근을 변상해야 되는데, 명심들 하세 요." 하시던 말씀과 더불어 인자하시면서도 꼿꼿하셨던 스님의 모습이 눈앞에 아른거렸다. 그렇다! 설사 버려져 쥐나 고양이 밥이 될지라도 나는 가지고 가서는 안 되는 것이다.

자기가 다니는 사찰에서 공양하는 것을 당연시하고 심지어는 맛이 있고 없고, 성의가 있고 없고를 논하며 비난까지 하는 분들도 가끔 보인다. 한 수저의 밥이 얼마나 대단한 것인가를 느껴 알지 못하기 때문이다. 그냥 먹어서는 아니 되는 것이다. 반드시 먹을 만한 이유가 있어야만 먹을 수 있는 것이다. 부처님 가르치심을 따라 계율을 잘 지킨다든지, 마음공부(선)를 잘한다든지, 일체중생을 위해 포교를 잘한다든지. 가정과 사회와 자신의 수행정진을 위해 참으로 열심히 사는 사람만이, 아니 가정과 사회 법계의 일원으로 부끄럽지 않은 수행정진을 하기 위해서 만이 먹을 수 있는 양식이다.

옷깃을 여미고 합장을 하고 한 수저의 밥이 얼마나 두렵고 대단한 것인가를 알고 고마운 마음으로 먹어야 한다는 것이다. 한 수저의 밥을 위해 수고해 주신 많은 분들의 은혜를 알고 어떤 마음의 자세로 먹을 것이며, 먹고는 또 무엇을 어떻게 할 것인가를 알고 먹어야 한다는 생각이 들었다.

그 후 되도록이면 집에 와서 먹고자 애를 썼고 음식점을 이용하는 예가 많아졌다. 특별한 경우 공양을 할 때도 꼭 먹어야 할 사정이었는가를 살피게 되었다. 필

요 이상의 공양을 타 가지고 너무 많이 먹고 힘들어하
거나 남기는 분들을 보면 어서 이 도리를 알고 가시도
록 했으면 좋겠다는 생각이 났다.

무제

신라시대 부설 거사(전광세)
그의 신행담을 읽고
나는 감격하여 흐느꼈네

처자 권속을 이끌고도
게으르지 않았던
계행에

두손을 합장
감탄을 했네

한 사람의 마음도 다칠세라
거절 못한
자비심에

가슴 저리도록
고마워 울었다네

아무것도
한 일 없는 날들이
부끄러워 울었다네

어머님의 큰 자리

오늘 아침 갑자기 어머님이 누워계시던 모습이 눈앞에 어른거려 눈물 아닌 핏물이 흘러 버린다.

"죽지도 않고 이렇게 아프기만 하니 이 노릇을 어떻게 하니?"

한탄어린 하소연을 들을 때마다 참으로 혼자 왔다 혼자 가는 세상이로구나, 자식이 아무리 많다 해도, 재산이 많다 해도 재주와 명예가 있다 해도 정말 아무 소용이 없구나, 그저 지켜볼 뿐 어디가 얼마나 아프신지도 가늠하지 못하면서 안쓰러운, 그러면서도 빈말처럼 들려오던 말씀이 귀에 쟁쟁하다. 그래서 그 아픔의 정도를 알기 위해 어머니처럼 또 그렇게 앓다가 가는가 보다.

나는 환갑 진갑이 다 지난 후에 어머님이 돌아가셨는데도 이렇게 수시로 눈물이 흐르는데 어린 시절, 또는 젊은 시절에 어머니를 여읜 사람들의 마음이 얼마나 아프고 저린지를 이제야 조금은 알 것 같다.

아무리 '생자필멸'이란 변치 않은 진리이지만 그가 사

는 동안에 뿌려놓은 인연의 씨앗은 남아, 생명이 다하
도록 안아 뒹굴면서 어디까지가 시작이고 끝인지도 모
르면서 어머님의 아픈 마음도 몸도 없는 이 자리에 무
게도 부피도 알 수 없는 아쉬움만 남아 오늘도 나는
가슴속 깊이 어머니를 불러본다.

'어머니!' 하지만 눈물 말고는 아무것도 할 것이 없다.
아쉬움도 눈물을 흘리는 것도 그저 내 몫일 뿐 그분은
이제 찾아뵐 길이 없다. 저 세상이 어떠한 곳인지는
몰라도 틀림없이 불佛자리에 드셨으리라 믿고 싶다.
하지만 만의 하나라도 다시 몸을 그려 이승에 오신다
면 좋은 인연에 좋은 모습으로 좋은 가문에 태어나 기
필코 불과를 이루시도록 간절한 간절한 마음이다.

어 머 니

메아리도 돌아오지 않는 이름을
오늘도
목매이게 피를 토하듯 불러본다

하늘이라 해도
땅이라 해도
못다 할 이름을 부르면서

나는
두 무릎을 꿇어
엎드렸다

꿈속에서 까지도
수호신이셨던 어머니

욕심 많은 딸의 이기심까지도
사랑하셨던
정작 당신에겐 추호도 용서를
모르셨던 어머니

가족과 친지의 짐을 한 몸에
지고 이고
섬 땀을 흘린다 해도
즐거운 방패가 되어 주셨던

어머니

아!
어머니
다가설 수 없는 거룩함에

나는
무릎을 꿇었다
부디 성불하소서

2003년 12월 30일 새벽 2시

왠지 잠이 오질 않는다. 어제와 오늘 그리고 내일이 꼬리를 물고 흐르는 물줄기와 같은 시간임에 틀림없으련만, 2003년 한 해가 역사의 뒤안으로 날개를 접어 든다고 생각하니 알 수 없는 감회가 일렁이려고 한다. 새삼 허송세월로 시간만 죽였다는 회한의 눈시울이 뜨겁다. 온 세계가 물 끓듯 7만 명의 희생자를 냈다는 이란의 지진이 그렇고, 이라크에 전쟁 자살테러가 그렇고, 미국의 광우병으로 세계 경제가 휘청대고, 한국의 조류독감이 그렇고, 참으로 참담하다 아니 할 수가 없다.

온 세계가 바로 한 가정, 한 가족임을 실감케 한다. 그러나 세계가 하나가 되어 구조에 열을 올리고 있는 모습이 슬픈 중에도 아름답다. TV에서는 어려운 이웃을 돕고 있는 사람들의 활동상이 연이어 나를 부끄럽게 한다.

많은 사람들과 함께 아픈 사람들을 어루만져 돕고 싶지만 어인 일인지 마음뿐 어느 자락을 어떻게 거들어야 할지도 모르고 그저 안타까워만 하는 내 모습이 너무나 무력하여 가슴이 아리도록 부끄럽다.

나이 아직 70이 안 되어서 나이탓만 하고 주저앉아 있음이 참으로 가소롭구나. 80이 가까운 연세에도 거침없이 활기차셨던 부모님이 생각난다.

늙으나 젊으나 돌아가신 부모님 뵙고 싶고 그리운 마음은 마찬가지인가 보다.

왜 이리 시도 때도 없이 눈시울이 뜨거워지는지 두 분 아니 계심이 이리도 서러움일지는 예전엔 정말 몰랐었네.

법당이 있는 학교를

20대 꽃다운 시절 시골마을 조그마한 학교에서 교직생활을 할 때였다. 조촐하게 한평생을 물욕 없이 살면서 육영사업을 하고 싶었다. 가장 적은 경비만으로 생을 마무리 하면서 당시 이대 총장이셨던 김활란씨처럼 교직에 생을 바치고 싶었다. 그러나 그것은 한낱 꿈일뿐 아무나 할 수 있는 일은 아니었다.

결혼, 출산, 자녀교육 등의 과정을 거치면서 그런 일은 아득히 먼 옛날의 꿈이었을 뿐 나와는 아무런 상관도 없는 일처럼 희미해졌다.

몇 십 년이 흘러 60대를 바라보는 어느 날 꿈속에서 이름도 모습도 없는 어떤 사람에게 나는 "법당이 있는 자그마한 학교를 가지고 싶다"고 말을 했고, 그는 "조건이 맞는 마땅한 곳이 있다"고 안내를 했다.

이로써 20대에 가졌던 생각이 현실로 돌아와 이곳저곳 장소를 물색하려 헤매고 다녔다.

마침 경기도 안양시 석수동 관악역 앞에 자리한 한마음선원의 한 스님과 인연을 맺게 되었다. 승가대학 사회복지과를 나오신 그분은 아기들을 맡아 키우고 싶어 하셨고, 나는 그분을 도와 힘이 미치는대로 뒤를 밀어 드리고 싶어 원주시 산림면 금창리 치악산 끝자락에 자그마한 터전을 마련했다.

원주 쪽에는 한마음선원 지원이 없어 지원 터로 써주시기를 본원 주지스님께 간청을 했다. 하지만 주지스님께서는 한마디로 거절을 하신다.

너무도 허탈했다. 무슨 이유일까? 아무리 헤매 돌아 뒤져보지만 알 수가 없다. 되돌아 설 수 없는 이 마음 어찌해야 할지, 주춤대고 있으려니 애들 아버지가 광명선원에 신축건물인 강당의 도면을 보러 가자고 했다.

도면을 보고 있으려니 옆에 계신 스님께서 이 건물도 완벽하지 못하고 불편함이 많으니 주지스님(무예)께 자문을 구하는 것이 좋겠다고 권하신다.

주지스님 방에 들어 전후 사연을 말씀드리고 자문을 구하던 중 스님께서 당신이 맡아 운영하시겠다고 자청하신다. 너무도 뜻밖의 말씀에 우리 내외는 천군만마를 얻은 듯 힘이 솟았고 그 후 일이 잘 진척이 되어 대행 큰스님께서도 흔쾌히 승낙을 하셨고 업자까지 선정하여 현황 측량까지 하게 되었다.

절을 짓기 전 원주시내에 강당을 빌러 우선 법회를 보

아가며 신도들을 모으기로 했다. 원주역 앞 군법당인 법응사 법당에서 한 달에 두 번씩 법회를 보았다. 그 럭저럭 근 1년여가 지난 어느 날 혜법 스님께서 어려워진 사정을 말씀하신다.

월례행사인 지원장 회의석상에서 원주 치악산 자락에 절을 짓는 건축비 문제가 거론되었던 중 본인(나)의 이름이 나오자 한마디로 안 된다고 했다 한다.

'왜 안 되는 걸까? 내 돈으로는 절을 지을 수 없는, 내가 알지 못하는 이유라도? 알아야 할 이유도 몰라야 할 이유도 아닌 그 무엇이 있길래…', 확인차 큰스님께 올라가 전후 말씀을 올렸지만 깔끔하지 못하신 마음이 오락가락 하실 뿐, 엉거주춤 대답을 피하시면서 사탕만 세 웅큼 주신다.

내 주장자를 너에게 줄테니 알아서 하라는 뜻으로 받들고 물러 나왔다. 하지만 나는 선뜻 대들지 못한다. 시간을 기다리고 있는 것이겠지, 잘 될 것이다.

어쨌거나 요사채 하나 조그맣게 지어놓고 준비 중이다. 스님 선임을 우선 서두르고 있다. '자기 일인데 잘하지 않으면 어쩔 건데, 잘하는 거지.'

열심히 열심히 관하고 또 관하던 중 어느 날인가 꿈속에서 그곳(요사채) 큰 물탱크가 넘쳐 물이 밖으로 막 흐르는데 큰 호수에선 여전히 맑은 물이 쏟아져 나오고 있는 것이다, 신도님들은 이를 어떻게 해야 하느냐고 야단법석들이었다.

그런데 탱크 밑을 보니 구멍이 막혀 있었다. 달려들어 하수도 구멍이 막혀 그렇다며 막은 물건을 빼니 한꺼번에 물이 쫙 빠졌고 한쪽에선 누군가 큰스님의 빛을 받아 간판을 달라고 한다.

마다하시는 것을 반발하듯이 서류를 던질 수도 없고 해서 절 이름이라도 지어달라고 주지스님께 말씀 올렸다.

뜻밖에도 스님께서 받아주시겠다는 승낙을 하신다. 너무도 기뻐 그 즉시 금창리 땅과 요사채의 물건 서류 일체와 서울 관악구 봉천동 아파트의 서류 일체를 스님께 올렸다.

이로써 항상 미해결 문제로 무거웠던 내 머리는 가벼워졌다. 성스러운 모습이 보이기를 고대하면서……

아버님의 49재

2003년 11월 27일 오늘은 馮(풍) 榮(영)자 燮(섭)자의 이름으로 83년 6개월을 사시고 육신의 옷을 거두어 가신 우리 아버님의 49재 날이다.

평생 누구에게도 모진 말씀 한마디 안하시고 자식들이 구두 한 켤레를 사드리는 것조차 폐스럽다며 마음 불편해 하셨던 아버지, 무엇으로 사회에 봉사를 하실까?

대소가를 위해서, 내 고장을 위해서, 무엇이 필요한가 만을 노심초사 애쓰시던 중 8.15해방 후에는 이 나라 이 민족 이 고장을 위해 광동중·고등학교를 운허 큰스님과 함께 세우시느라 밤잠을 설치시고 끼니조차 챙길 시간이 없어 점심 요기를 위해 넣고 다니셨던 말라빠진 빵(옥수수 찐빵) 쪼가리를 내놓으시기를 여러 차례 어지럽다시며 눈을 꼭 감고 머리를 감싸고 누워계시던 모습이 잠시 전 일로 느껴오는데… 믿기지 않지만 그래도 현실임을 어이하리.

'생자필멸生者必滅 회자정리會者定離'란 요지부동의 진리라고, 우리 모두 걷는 길이라고 아무리 달래고 달래며 체념을 다짐하지만 이 어인 마음일꼬? 슬프다고 할 수도, 아프다고 할 수도, 그립다 할 수도, 이 무슨 마음이 이리도 요상한지 모르겠다.

그저 소리쳐 불러보고 싶고, 메아리도 돌아오지 않을 이 소리. 이렇게 끊일 줄 모르는 눈물은 무슨 뜻일지? '불佛자리에 들어 영원토록 행복하소서' 했다가, '혹시라도 이 세상에 다시 몸을 받아 나오신다면 좋은 인연에 좋은 모습으로 좋은 가정에 태어나 부디 성불하세요.'라고 마음을 내고 또 내어 보지만 그때뿐, 어느새 나는 또 아버지를 부르고 있다.

지나간 속세의 발자취를 따라 어루만져 흐르면서…, 무슨 뜻인지도 모를 눈물이 고인다. 마지막 가시는 길에 배웅도 못해드린 딸자식, 꿈에서도 나는 눈앞이 안 보이도록 울며 헤매 돌았다. 얼마를 찾아 헤매다가 쌀과 초, 향을 사들고 찾아간 곳. 제일 높은 봉우리 위에 나란히 앉아계신 두 분을 찾아내곤 그대로 엎드려 삼배로써 인사를 여쭈었다. 내가 오기만을 기다리고 계셨던 듯 하다. 보이지 않는 자리에서 조차 이리 절절할 줄이야. 담배갑을 뜯어 메모지로 쓰셨고 당신을 위해서는 택시 한 번도 타시기를 거절하셨던 분.

6.25사변 당시에는 광릉안 소리봉 꼭대기에 숨어 지내던 반공청년단의 식량 마련을 위해 수시로 밤이슬을 밟으셨고 휴전 후에는 광동중·고등학교 재건을 위해,

이어 경기도 양주군 진접면 내각리(당시 행정구역)에 풍양국민학교를 유치하셨고 그 후에는 풍양신문을 창간하셨다.

책을 읽고 쓰기를 좋아하셨던 아버지는 다시 한국인의 존주사상(韓國人의 尊周思想), 대명유민사(大明遺民史), 구의사전(九義士傳), 조종암 문헌록(朝宗巖 文獻錄) 등 저서를 남겨 이 나라 역사 연구에 많은 도움을 주시기도 하셨다.

근면 성실하며 꾸준함의 본보기를 보이시던 분. 나는 언제나 아버지를 마음속 깊이 존경했다. 물론 세계적으로 훌륭한 사람이야 많고 많지만 몸소 지켜볼 수 있었던 이분이 참으로 훌륭하게 보였다.

말없는 실천, 백번의 말이 필요 없으셨던 분, 메워지지 않는 큰 자리를 어이할꼬? 어이할꼬?

음력 3월 보름날 달 밝은 날 오셨다가 9월 보름 달 밝은 날 훌쩍 되돌아가신 분. 그분은 보름달을 무척도 좋아 하셨나보다.

유산

바람처럼 산산이 흩어진
이름 되어

하늘 끝자락
어디에

외로움일지?
서러움일지?
아니면
기쁨일지?

부디 즐거움으로 남아 계시기를
바라는
이름

바로
그 이름이 남긴
부스러기 땅 몇조각

네가 가지면 무엇 할 것이며
내가 가진들 또 무엇하랴만

모두 다
내가 가져야 한다네

아들이 살아 드린 것도
딸이 살아 드린 것도 아닌 것을

자식도 아닌
부모도 아닌
딸도 아닌 이름 속에

나는
선 채로 돌이 되고 싶다

바보가 되어 달라면
바보가 되어서

이름없는 돌부처가 되어달라면
돌부처가 되어서

이대로

나는
장승이듯 장승이듯
돌이 되고 싶다

거울 속의 나

오늘 아침에도 어제처럼 거울을 들여다보면서 머리를 빗어 내린다. 가지런히 정돈된 머리가 조금은 단정해 보인다. 오늘따라 거울이란 것이 예사롭지가 않아진다. 바닥없는 저 끝자리에서 두려움일지 아득함일지 모를 마음이 되어 거울 속에 비친 내 모습을 향해 무서운 눈초리로 흘겨본다.

역시 거울 속의 나도 무서운 눈초리로 나를 흘겨본다. 주먹질을 해보았다. 그도 역시 주먹질을 한다. '히-' 하고 웃어준다. 문득 '온 세상이 바로 이런 것이 아닐까?' 생각되면서 흠칫 놀란다. 가슴이 철렁 무너져 내린다.

까만색을 비추면 까만색으로, 노란색을 비추면 노란색이, 흰색을 비추면 흰색으로 보여준다. 하지만 거울은 그냥 그 자리에 있을 뿐 어떠한 작용도, 행동도 없다. 보이는대로 비치고 있을 뿐 그저 반사하는 작용만이 있을 뿐이다. 비춰질 물건도 빛깔도 없다면 빈 거울 그 자체일 뿐 아무 것도 없다.

오늘처럼 거울 속에 비친 내 모습이 절절이 두렵게 느껴지기는 처음이다.

나는 눈을 흘기면서 웃으면서 다가와 주기를 바라는 마음, 나는 주먹질을 해대면서 도와주기를 바라는 마음, 까만 보자기를 뒤집어쓰고 세상이 어둡다고 튀튀하는가 하면, 노란 보자기를 쓰고, 흰색 보자기를 쓰고 세상은 희다고, 세상은 노랗다고들 목소리를 높인다.

세상은 공평하다. 한 치의 에누리도 인정되지 않는 잔인하도록 정확한 세상 논리임을 거울 속에 비친 내 모습을 보면서, 얼마나 많은 날들을 보아왔을 모습인데 이 평범한 진리를 이제야 깨닫다니…, 눈을 흘기고 주먹질을 하면 여지없이 눈을 흘기고 주먹질로 대응하는 이 도리를 말이다. 사람이 나서 죽을 때까지 생각은 물론 일거수일투족 언행 일체가 모두 자기가 자기에게 하고 간다는 것을 알게 된 것 같다.

그러기에 스님께서는 모두를 내 모습으로 보고 내 스승으로 보라고 하셨나 보다. 어떠한 경계가 다가와도 그는 내가 만들어놓은 거울 속에 내 모습이요, 치우고 못 치우고도 내가 해야 하는 것이다.

또 어떠한 현상이 나타나도 이 또한 어느 때인가 내가 만들어 놓은 내 모습임을 알아 한마음으로 벽이 없는 마음으로 잘 풀어갈 수 밖에 다른 방법이 없음을 절절하게 느껴본다.

침묵이 금이다

라마나 마하리쉬의 '나는 누구인가?'라는 제목의 책 중에서 나는 이런 구절을 읽어 보았다. 침묵이 가장 강력한 교육이라고, 다음 단계가 법문이며 여러 가지 방편들이라고, 침묵이 금이라는 격언이 생각났다.

옛 어르신들의 지혜가 참으로 놀랍다는 생각이 든다. 법이란 본래 마음이 일어나기 이전에 고요하고 움직임이 없는 자리에 항상 하거늘 말이 뭐 필요하겠는가? 참으로 침묵이 바로 금이었음을 뒤늦게 알고 보니 '쏟아놓은 말은 주워 담을 수 없다'는 격언 또한 금빛 찬란한 진리임을 이제 비로소 알게 되었다. 말은 생각을 일으킨 쪽에서 생각을 알리기 위한 수단으로 하는 것이지만 말은 한 사람의 말이 아니라, 뱉어 놓은 사람의 말이 아니라 듣고 주워 담는 사람의 말임도 새삼 깨닫게 되었다.

말 한마디가 천 냥 빚을 갚기도 하고 천 냥 빚을 지게도 하고 원수를 만들기도, 친구를 만들기도 한다. 말하기가 참으로 얼마나 힘이 들겠는가? 천 냥의 빚을 갚고, 아픈 사람을 살리고 친구를 만들 수 있는 값진 말만을 골라서 꼭 할 자리에서만, 꼭 필요한 말만을 할 수 있어야 한다.

시작도 끝도 없이 근본의 자리에서 거리낌 없이 흘러가는 에너지, 일체 만물 만생을 살리고 거두고 발전시켜가고 있는 속에 너와 내가 그리고 그가 하나 되어 흐르는데, 굳이 아파야 하고 슬퍼야 하고 괴로워야 하는 말은 먹지도 말고 뱉지도 않는 날들의 연속이기를 바란다.

무심코 던진 돌에 개구리가 맞아 죽는 일이 없기를 바라면서 마음속 깊이 '수리수리 마하수리 수수리 사바하' 정구업진언을 외워본다.

마음이란 무엇일까?

일체유심조(一體唯心造)라는 어느 경전의 한 구절이 생각난다. 이 세상 모든 것이 다 마음이 만들어 냈고 만들어 가고 또 만들어 간다는 것이다.

큰스님의 법문에서도 태초에 한마음이 있어 우주가 열렸다고 하셨다. 마음이란 무엇이길래 이렇게 엄청난 위력을 가진 것일까? 슬픈 마음을 찾아 들어가면 어느덧 슬픔은 없어진다. 불안한 마음 또한 찾아보면 그것 역시 있는 것이 아니었다.

그러나 마음 올라오는 대로 몸은 움직이고 있다. 미운 마음이 올라오면 여지없이 미워하는 몸짓을 하고 슬픈 마음이 올라오면 또한 눈물을 흘리며 슬퍼한다. 불편하다는 생각이 나면 편리하게 만들고자 노력을 하고, 의심이 나면 왜 그런지 풀고자 연구를 하고 말이다.

냄새도 모양도 빛깔도 없는 이것이 있어, 달나라로 여행을 떠나는 세상을 만들었다는 사실을 모르는 사람은 아무도 없다. 하지만 이 마음을 다스리는 또 다른 무엇(힘)이 있음을 알아야 할 것 같다.

좋은 마음으로 세상을 바라보면 살맛이 나는 세상 같고 괴로운 마음으로 세상을 바라보면 세상은 그대로 여지없이 말 그대로 고해가 된다. 즐거운 마음으로 살면 살맛이 나고, 외롭고 서글픈 마음으로 살면 외롭고 서러워 그 자리에 주저앉을 듯 기운이 빠진다.

모두가 자기 마음대로 살게 되는 것이다. 누가 외로움을 가져다주는 것도 기쁨을 가져다주는 것도, 그렇다고 외로워지라고 기뻐지라고 하는 사람도 없다. 다만 자기가 그런 마음으로 살기 때문에 그럴 뿐이다.

그래서 이 세상 모든 것은 다 자기가 만들고, 또 그 속에 갇혀 여지없이 받으면서 몸부림치며 살고 있는 것이다. '너 때문이 아니고 바로 나 때문인 것이다.' 내가 이 세상에 나온 것도 나 때문이요, 사는 것 또한 나 때문에 사는 것이다. 자식을 위해서 산다는 사람도 결국은 자기를 위해서 사는 것이다. 마음 한번 잘 내고 살면 천당이요, 잘못 내면 그대로 지옥인 것이다. 어찌 일어나는 마음 그대로 보고만 있을 수 있겠는가? 고삐를 단단히 잡고 운전을 잘해야 한다.

내 마음이 어느 때 어떤 마음으로 세상을 어지럽힐지 모르니까 항상 내 마음을 내 마음의 눈으로 지켜, 좋은 마음이 나면 이런 마음을 낼 수 있어 참으로 고맙다 하고 올라온 자리(어딘지는 모르지만 올라오지 않았던 바로 그 자리, 움직임이 없는 고요한 그 자리)에

놓고, 불안하면 편안할 수 있다고 놓고, 슬프면 즐겁자고, 기쁘자고, 괴로워도 아파도 편안하자고 그렇게 끊임없는 노력을 하다보면 모든 내 마음, 내 행동이 끝도 없이 고요한 그 자리에서 일렁이고, 또 나툼이라는 것을 알게 되고 끝내는 '내'라고 하는 것도 없음을 알게 된다.

금강경의 한 구절 '아상我相 인상人相 중생상衆生相 수자상壽者相이 없어져야 나(부처)를 보리라'의 뜻을 알게 된다. 아상我相만 무너지면 인상, 중생상, 수자상은 저절로 무너지고 마는 것이다. 결국 사상은 이렇게 해서 무너지고, 너도 없고 나도 없고 그도 없는 이대로 부처님이 나툼의 세계, 하나의 불국토가 되는 것이다.

미워할 대상도 좋아할 대상도, 외로울 일도 괴로울 일도 아파할 일도 없이 다만 부처님의 나툼의 도구로서 만물 만생이 불구佛具가 되어 네가 나요, 내가 너 되어 괴로움도 즐거움으로, 모두 둘이 아닌 도리로서 그저 순간을 이어가는 한 점 에너지의 흐름임을 알게 된다.

하지만 콩 심은데 콩이 나고 팥 심은데 팥이 나는 도리는 어김없이 방편의 도리로써 우리를 가르치고 있다. 경험을 한 가지 들어보고자 한다.

1988년도 쯤이라 생각된다. 어느 날 오대산 상원사 적멸보궁에 순례차 여러 도반들과 더불어 방문을 했다.

날은 저물어 지척을 분간하기 어려운데 3배만 하고 숙소로 내려갔으면 했는데, 일행 중 많은 분들이 108배를 하고 계셨다.

'108배나 3배나 마찬가지지 왜 저리 시간을 끌고 있담, 마음을 굴려 108배를 3배로 하면 될 것을…' 하고 못마땅한 마음을 냈다.

밤에는 밤대로 다른 절에서 오신 분들은 철야로 정진들을 하시느라 정신들이 없으신데, 우리는 자는 것도 법이야 하면서 법당에 들어 3배만을 올리고는 그대로 편안하게 잠자리에 들었다. 다른 보살들의 눈에는 참으로 버릇없고 건방지고 가소롭게 보였으리라.

다음날 아침 주지스님께서 법문을 해 주신다고 모두 다투어 법당으로 올라갔다.

그런데 어인일인지 갑자기 화장실이 가고 싶다. 급하게 뛰려는데 돌도 없는 평지에 오체투지로 넘어졌다.

비는 와서 바닥은 질퍽거리는데 어떠했겠는가? 그런 내 모습이 너무 우스워서 히죽이 웃으면서 일어났다. 왠일이지 마음이 시원하다. '네가 건방을 떨더라니' 하면서 말이다.

어젯밤에 108배 하시는 보살들을 보고 냈던 건방진 마음, 지극하지 못했던 밤사이의 마음가짐에 대한 채

찍이었음을 알고는 고맙고 즐거운 마음에 무릎도 팔꿈치도 뚫어지고 흙덩이가 된 옷을 입고 기쁘게 상경했던 일이 있었다.

또 한번은 운허 스님 동상이 있는 경기도 남양주군 구리시 진접읍 장현리에 있는 광동중학교를 방문했을 때 이야기이다.

오래전부터 학교를 찾아가 보고 싶었지만 마음 뿐, 몸이 움직이지 않았고 동상에 대해서도 여러 곳에 많은 동상들을 볼 때마다 그분의 업적을 기리는 주변 사람들의 마음 표현으로 대수롭지 않게 그저 형상의 각색분으로 생각했었다.

운허 스님 동상 앞에 이르러서도 올라가려는 합장의 손 모습을 흩뜨리고 그저 모습이 제대로 만들어졌는가, 무슨 내용을 썼는가 만을 들여다 보았다. 겸손하고 진실한 마음으로 큰스님께 대한 존경의 예우를 갖추지 않았다. '형상일 뿐이지' 라는 생각 때문이었다.

동생의 집에 왔을 때는 점심시간이었다. 밥을 먹자고 했다. 그런데 속이 거북하다. 점심을 거부한 채 빨리 서울로 가야 한다는 생각이 났다. 그렇다고 서둘러 가지도 않으면서 가야겠다고만 했더니 창호네로 자리를 옮겼다.

그냥 거쳐 나오려는 마음으로… 그러나 그때부터 상황

은 급격하게 변하여 입으로 올리고 밑으로 싸기를 계속 탈진하여 쓰러지고 말았다.

아침에 타고 왔던 동생의 차는 상경했고 서울 있는 남편의 차를 호출, 상경을 했다. 편안하게 해야 한다는 마음가짐도 잊은 채 그냥 주변의 많은 가족들을 일시에 지옥으로 몰고 들어간 것이다.

역시 큰스님의 동상 앞의 불경스러운 태도며 아침에 나올 때 남편을 향해 '당신 차가 아니더라도 타고 갈 차가 있네요'라는 가늘한 마음의 바람이 일었었다는 생각이 났다.

참으로 한 생각도 그냥 넘어가는 법이 없음을 알고 냄새도 빛깔도 모양도 없는 이 마음이 얼마나 장하고 두렵고 위대한 힘을 가졌는가 알아야 했다. 따라서 동상 또한 그냥 그대로 돌조각품이 아님도 알게 되었다. 심지어 신발의 뒤축을 밟아 신는 것조차 마음자리에서 그냥 예사롭게 지나치지 않고 지적을 하면서 올바른 행을 하도록 이끌어 준다.

어찌 한 순간인들 마음을 지켜보지 않겠는가?

남을 물에 빠뜨리려면 내가 먼저 물에 빠져야 한다는 격언 또한 이 마음 도리의 표현이 아닐지 생각된다.

떠나갈 마음 되어

오늘도
어제처럼

나는
떠나갈 마음을 어루만지면서
살고 있네

사랑하는
내 가족들에게
장밋빛
바알간 추억의 보석을
심고 싶어서

나로 해서
아파하는
눈물을 혹여 보게 될까 두려워

오늘도
어제처럼
떠나갈 마음을 어루만지면서
별빛이듯 조용 조용히~

세숫물
한 바가지
아까워
반으로 줄이지만

버리기 죄스러워
오늘도
어제처럼

떠나갈 마음을 어루만지며
살고 있네

여보

여보!
오늘도 거나하게 한잔
참으로 즐겁구려

바라보는
이 마음도
즐거웠으면 좋으련만~~~

사람을 좋아하는
당신이 되지 못해서
즐거운 당신이 되지 못해서

이 마음은
웃지를 못하네

내일은 웃자
내일은 웃자

하지만
아직도 나는
웃지를 못하네

내
60년 삶에 버팀목이었던
당신

절절한 고마움이
가슴 철철 넘쳐나지만

나는
말을 못하네

아일까 두려워
나는
말을 못하네

웃을 줄도
말도 못하는
맹순이

산이 되고
물이 되고
바람이 되고자 하지만

시작도 끝도 없는 길을
걷고 있는

나는
못난이 맹순이

제삿날

오늘은 아버님의 제삿날이다. 아직은 내가 지내도 되겠지만 강원도 산골에서 살고 있는 터라 내가 지내려면 서울에 살고 있는 형제, 자매, 친척들이 다 강원도로 와야 하는 번거로움이 있어 며느리에게 지낼 것을 위촉했다. 고맙게도 쾌히 승낙을 해 주었다.

요즈음 젊은 사람들은, 아니 나이 지긋한 사람들도 제사 지내는 것이 짐스럽게 느껴져 교회를 갔다는 얘기가 심심찮게 들리는데 말이다. 항상 수고스럽고 번거로움을 감내하면서 정성을 쏟아주는 며느리가 참으로 고맙다.

왠일일까? 오늘따라 나는 몇 시간을 두고 축원을 하고 있다.

'아버님, 어머님! 나물 먹고 물 마시는 차원이 아닌 전 우주를 통째로 꿀꺽 삼키고 또 토할 수 있는 차원이 되시라고 이렇게 제상을 차렸습니다. 아무리 많고 좋은 음식을 대접하고 싶어도 양적으로 숫적으로 한계가 있어 도저히 그 한계를 뛰어 넘을 수가 없기에 스님의 가르치심을 따라 우주떡이라는 방편에 큰 우주를 담고 생명의 근원인 물과 수행에 과果를 거두시라는 뜻으로 과일을 올렸습니다. 온 우주와 생명을 올리는 이 정성을 받으시고 부디 성불하십시오' 하고 또 하고 하면서…

이런 뜻의 제상을 올리기 위해 3년을 두고 아이들 아버지와 논쟁을 벌였던 생각이 난다.

'아무리 잘 차린다고 해도 온 우주를 바치는 마음을 따를 수 없고, 끝없는 생명까지 바쳐 정성을 올리는데 더 어떻게 잘 지낼 수 있으며, 이것저것 격식을 간소화 한다는 것은, 복잡한 세상살이에 시달리는 젊은 사람들의 수고로움도 덜어주고 마음 또한 깨끗하고 성스럽게 다듬어주는 것도 될 것이니, 이것이 바로 우리 나이먹은 사람들의 할 일이 아니겠는가?' 하고, '내가 모습을 감추기 전 번거로운 형식 위주가 아닌 간결하면서도 성스럽고 깔끔한 제사가 되도록 틀을 만들고 가야 한다'며 또 하자고, 밀고 또 설득했다.

'제관들의 음식이야 형편껏 입맛에 맞추면 되고', 이렇게 말이다. 어쨌거나 유명을 달리하신 분들이 좋고, 모시는 자손들이 편안하면 모두가 좋은 것이 아니겠는가?

음복을 하면서 희희낙락 즐거운 형제, 자매, 친척들을 바라보며 이런 저런 생각에 젖는다.

1936년 7월 25일 경기도 양주군 진접면 팔야리에서 태어나 수도여자사범대학 국문과를 졸업 후 광동중·고등학교에 교사로 부임, 숙명여자대학교 국문과를 졸업하였고, 불기 2543년 대한불교조계종 한마음선원장 노대행 스님으로부터 한마음선원 지도법사로 임명되었다. 현재는 강원도 영월군 수주면 운학1리에서 자연을 벗삼아 야채와 나무를 가꾸고 있다.

내 가슴 속에서 무엇인가 꿈틀하는 듯 하더니 '내가 바로 관세음보살'이라는 것이다. 이 세상에 나와 처음 맛보는 기이한 일이었다.

온 세상을 구원해 주시는 분이라고 알고 있는 '관세음보살'이 바로 '나'라니 이건 정말 믿기지도, 아니 믿을 수도 없는 정말 묘한 사건 중에 사건이었다.

무엇인지는 모르지만 하여간 나쁜 마음은 아니었다. 그렇다고 좋은 마음도 ,안 좋은 마음도 아니면서 참으로 표현할 수 없는 이런 감정은 처음이다.

주체할 수 없는 눈물 속에 얼마나 지났을까? 시댁 부근임에 흠칫 놀라 정신이 들었다.

3일이 지나 선원에 갔다. '대행' 큰스님이란 분이 11시 좀 넘어서 법문을 하시기 위해 조그마한 선실로 들어오셨다. 작달막한 키에 하얀 피부 동글한 얼굴, 유난히도 통통하고 하얀 손, 마치 내 친정어머니와 같은 평범한 분위기셨다. '한마음선가'를 부른다. 노랫말이 내 마음을 감격시켰다. 눈물이 주르르 흘러내린다. 바로 이것이다.

이 자리에 오기 위해 그 많은 세월을 헤매 돌았구나 하는 생각에 주체할 수 없이 흐르고 또 흐르곤 했다. 지금까지 들어보지 못했던 법문을 하신다.

매끄럽게 다듬어지거나 유식한 말씀은 아니더라도 이 상한 힘이 넘친다. '심주心住' 한마음을 찾으라고 하신 다. '심주'가 무엇이고 한마음이 무엇인지? 전혀 감이 잡히지 않지만 무조건 수긍이 갔고 또 좋았다.

2020년에 적은 생각의 흐름들

이불 빨래를 하며

오랫동안 사용해서 찌들은 이불 빨래를 자신있게 시작했다.

뜯어놓고 보니 온방이 먼지투성이가 되었다. 빨래를 하려고 보니까 조금도 움직일 수 없었다.

그냥 드러누었다 일어났다 하기만을 반복. 도저히 내가 내 몸을 가눌 수가 없었다. 이대로 정도를 넘어서면 세상을 떠날 수도 있겠다는 생각이 들었는데, 이때 핸드폰으로 제자 김수창이가 산삼 사진을 보내면서 "잡숫고 기운 내시고 건강하세요"라는 내용의 카톡이 왔다.

그냥 그런 걸로만 알았는데, 이상하게도 그 그림을 본 후로 약간의 기운이 나는 것 같았다. 조금씩 조금씩 기운이 나는 듯 싶더니 얼마나 시간이 지났는지 모르겠는데, 그 못할 것 같았던 이불 빨래를 다 했다.

생각해보니까 참 희한했다. 그림이 나를 살렸다는 것, 그림이 나를 힘나게 만들었다는 게. 그림으로 온 산삼이 내가 기운을 내서 이불 빨래를 할 수 있게 만들었다는 사실이. 난 이런 일도 있을 수 있는가, 그림이 사람을 살릴 수도 있다는 희한한 생각이 든다. 그림 자체에서 힘이 생겼다기 보다는 산삼 사진을 보낸 제자의 '힘내시라'는 마음이 전해져서 그대로 힘의 작용이 된 것 같다.

'영광'이란 이름으로 장학재단이 만들어지고

어느 화창한 여름날 수십 년도 전에 교직생활을 할 때 제자였다면서 한 거사님이 무슨 밴드 이름 하나를 지어달라는 말을 부탁인지? 지나가는 말인지? 모르게 던진다. 무슨 뜻인지? 알고자도 하지 않고 무조건 거절을 했다.

몇일인지 지난 어느 날 이상한 일이 벌어졌다. 전철 1호선 관악역 앞에 한마음선원 본원에서 예불을 올리고 있던 중에 "영광"이란 이름이 홀연히 떠오르는 것이다. 그뿐만이 아닌 장학재단을 만들자는 것이다. 지금까지 한번도 생각해 본 일이 없는 장학재단은 또 무슨 이유일지? 깊이 생각하지 않을 수가 없다.

70여 년이 지난 그 옛날 광동중·고등학교를 창립할 때 생각이 난다.

운허 큰스님의 높고 큰 뜻을 시작으로 경기도 남양주의 진접면 내촌면 진건면 등에 살고 계시던 많은 유지분들이 이 고장 어린이들의 교육을 위해 식생활의 해결도 어려웠던 시절 보리쌀 한 되박, 입쌀 한 되박,

돈 몇 푼씩을 걷어 건축비를 만들기 시작하고, 노력 동원하여 광동중학교를 짓기 시작하고 건물을 지어 학교 문을 열었다.

그것도 잠시 6.25사변이 나면서 교실은 잿더미가 되고 주민들은 뿔뿔이 피난을 떠나고 난 후, 그래도 학교를 세워야 한다는 의지는 식을 줄을 몰랐다.

그리고 난 후에 학교는 다시 재건이 되었고 지금까지 많은 분들의 노력으로 이만큼 발전했다.

이 고장 어르신들의 정성

연설문

끼니도 제대로 해결 못했던 시절에 그 갸륵한 마음. 6.25사변이 광동학원을 잿더미로 만들고 수십 년 동안 많은 주민과 선생님들이 말 못할 고생 속에 학교를 키우고, 우리는 까맣게 잊은 세월을 무심히 살아왔는데, 어느 날 김수창이라는 후배(제자)가 무슨 밴드에 이름을 지어달라는 청을 해왔습니다. 능력도 없는 나는 당연히 거절이지요.

한마음선원에 엎드려 예불을 하는데 영광이라는 단어와 장학금이 떠올라 부처님의 뜻임을 깨닫고 얼마 안되는 돈이지만 뜻을 받들어야 할 이유가 있음을 알고 작은 정성이나마 보태야겠다는 마음을 냈습니다.

죽음. 저 세상에 계셔도 잊지 않고 지켜보며 돕고 계신다는 것을 알고 보니 국가와 민족을 넘어 온 세상을 전쟁이 없는 지상낙원으로 만들어야 할 의무가 있는 듯, 틀림없이 불국토를 만들어 줄 것을 당부하고 또 응원합니다.

나 하나 왔으면
전체(일체조상)가 다 온 것인데

2020년 1월 1일.

정호 · 지현이가 캐나다에서 한국으로 들어왔다. 오랫만에 온 식구가 다 모인 것이다. 연중행사를 양력으로 하기로 했다.

광명선원 탑이 모셔진 곳으로 갔다. 그도 참으로 좋은 것 같다. 내 조상뿐 아니라 헤일 수 없는 (영탑들에 모셔 계신) 조상들을 보면서 마음이 흐뭇하다. 일일이 예는 따로 못 올리지만 모든 분들이 다 내 조상이라 생각하고 바라보니 더더욱 감회가 깊었다.

그런데 문제가 생겼다. 음력 설날, 항상 지내던 제사를 깜빡한 것이다. 여전히 변함없이 합동제는 지내면서 내 조상님들은 제사상에 올릴 것을 잊은 것이다.

'어떡하지? 지금이라도 가서 접수를 해? 어떡하지?' 또 생각하고 생각하면서……

그런데 마음 저 밑바닥에서 '나 하나 왔으면 전체가 다 온 것인데 무얼 걱정하냐'면서 마음이 시원하고 또 편안하다. 너무너무 고맙다.

나 하나가 바로 전체 조상이라는 것이다.

이로써 나 하나가 바로 전체라는 것을 알려준다.

이 고마운 마음, 어찌 말로 표현할까.

입은 있으되 말이 모자란다 하리라.

고라니의 배웅을 받으며

미국 텍사스주 오스틴에 온지도 그럭저럭 한 두어달 된 듯 한국으로 돌아갈 시간이 가까워진 듯 하다.

말도 못하고 글씨도 모르니 눈 어둡고 귀 어두운 생활 속에 지내던 어느날. 고라니 네 마리가 바깥 정원에 와 놀고 있었다. 미국에서는 가끔 있는 일이지만 이렇게 여러 마리가 함께 즐기는 모습은 처음인 듯. 혹시나 도망이라도 칠까 싶어 조용히 숨어서 지켜보고 있었다.

어디서인가에서 애들 아빠가 고라니들을 쫓고 있는 것이 보인다. 아쉬워 왜 쫓느냐고 불만을 토하니 야생동물은 특이한 병을 옮겨 가까이 하면 안 된다고 쫓아내야 하는 이유를 말한다.

그러나 아쉬운 마음은 그렇게 접기엔 너무 컸다.

그로부터 3일 후 귀국을 해야 했다. 그 고라니들이 또 보고 싶어진다. 한번 다시 보고 싶다. 한번 다시 볼 수 있도록 하자.

또 다시 한번 보고 가도록 하자고 또 마음을 내고 또 냈다. 아침 새벽 자가용을 몰고 달라스 공항으로 차고를 떠나는데 고라니 어미가 맞은편 집 마당에 와서 나를 지켜보고 섰는 게 아닌가. 너무 고마워 눈물이 콸콸 쏟아진다.

동물이라고 사람과 다르지 않다는 것을 느끼면서 몇 년이 지난 지금도 그 고라니 가족을 잊지 못하고 생각이 난다.

고라니도 나를 생각하고 있을까? 마음은 사람도 짐승도 같지 않을지……

낙태 엄마의 꿈

열 두서너 살 된 남자 어린이의 행적을 적으려 한다.

학교를 다니면서 엄마를 피해 도망을 다닌다. 어찌어찌 찾아다니면 없어지고 또 없어지고를 되풀이하며 부모들의 마음은 아이를 가늠하기 힘들다.

어찌해야 할지? 하지만 방법이 없다. 사람을 풀어 찾아보지만 금방 있다가 없어지고 또 없어지고 아주 먼 곳으로 도망하지 않기만을 바라면서, 왜 그러는 건지? 끊임없이 고민하고 또 고민하지만 이유를 모르겠다.

스님께도, 앞일을 잘 푼다는 분께도 묻고 또 묻지만 해결책이 없다. 내 양심에 대고 왜? 냐고 다그쳐 물었다. 몇 날 몇 일을 두고 식음을 전폐하다시피 골몰했다.

갑자기 서글퍼지면서 눈물이 난다. 옛날 끼니를 걱정했던 시절이 생각이 났다.

시골에서 서울로 장사라도 해봐야겠다고 첫 아들만 데리고 이사를 왔다. 학용품 노점장사를 시작했다. 그러던 중 애기가 또 생겼다. 도저히 키울 엄두가 안나 애기를 지우기로 결심했다.

한 번, 두 번 갈 때마다 의사를 못 만난다. 걱정이 쌓여간다. 시간이 갈수록 어려움은 더 한다는 점은 알고 있는데…….

하지만 또 가도 또 안 되고, 안 되고 어느 날은 대문을 나오면서 동네 할머니를 만났는데, 할머니 왈 "당신, 오늘 그 애기 지우고는 이 대문 안에 들어올 수 없어요." 하더랍니다.

이 말에 정신을 차려 임신중절의 뜻을 접었고, 그 후 갖은 고생을 하고 애기를 낳고 살았다는 생각이 새삼스레 생각이 났다.

지금까지 잊고 살았던… 그때 중절을 시키려 몇 번이고 병원에 갔던 생각이 나면서 지금까지 생각지 못했던 그 아이에 대한 미안함에 가슴 아파왔다.

어렵게 찾아가 무릎을 꿇고 눈물을 흘리며 빌었다. 생활이 너무 어려워 살 수 조차 어려웠던 사정을 이야기하며 죄송하다고 용서하라고 몇 번이고 빌었다.

처음에는 믿기지 않는 눈치였으나 진심임을 알고는 받아들이더라며, 아들도 한없이 울면서 꿈속에 있었던 일을 아들이 말을 하기 시작한다.

꿈에서 밤마다 엄마가 낫을 들고 또는 도끼를 들고 자

기를 죽이려 해서 무서워 피해 다니느라 밤잠을 못 잤다. 나중에는 진짜로 엄마가 자기를 죽이려는 것은 아닌가 의심이 갔고 죽이려고 하는 것 같아 무서워서 피할 수 밖에 없었단다.

나중에는 집을 나갈 수 밖에 없었다는 이야기를 하면서 그런 꿈을 꾸게 된 이유가 이해가 되고 열심히 노력해서 모자 사이는 다행스럽게도 더더욱 다정스럽고 아들은 건강하게 잘 자라서 고등학교를 졸업, 대학도 잘 끝마치고 지금은 결혼해서 자손도 낳고 어엿한 가장으로 잘 지내고 있다.

세상에 어느 것 하나도
버리고 취할 것이 없음을…

미혼모의 한스러움을 조금이라도 돕고 싶다.

그래서 작렬히 내리쪼이는 불볕 아래 김영조 보살과 함께 합정동 골목을 누비며 미혼모를 돕는 사무실을 찾아 헤매었다.

전화번호도, 사무실 이름도 없이 무슨 이런 바보같은 행동이… 이렇게 일을 하니… 계속 내면을 향해 어처구니 없는 행동을 탓하고 있었다.

하지만 할 수 없지. 이것도 이렇게 해야 하는 이유가 있었겠지. 인연이 아닌가? 하면서 김영조 보살에게 참으로 미안한 마음, 또 미안한 마음을 읊조리며 돌아서 전철을 타고자 계단을 내려가는데, 수녀님이 한 분 올라오신다.

말씀을 드리고 싶다. 그러나 김 보살이 말을 하고 싶어한다. 그래서 입을 다물고 있자니 아니나 다를까, 김 보살이 서슴없이 입을 연다. 수녀님은 잘 아실 거라며 부탁을 하니, 직통으로 연결이 되었다.

처음 사무실을 안내하던 여직원의 말이 이상하게도 마음에 들지 않더니 결국 이렇게 어리석음으로, 이 어리석은 행동으로 바른 길을 안내하다니 참 어리석음까지도 필요한 이 도리가 새삼 신비스럽다.

한편으로 전철 안을 누비며 구걸을 하고 있는 분들도 그냥 구걸을 하는 것이 아니라 그러한 모습으로 승객 여러분의 보시하는 마음을 이끌어 내도록 하는 사명이 주어져 있음을 보고 어느것 하나도 버리고 취할 것이 따로 없음을 알 것 같다.

시

좋은 마음도
미운 마음도
서운한 마음도
놓칠세라 싸안아
머루만져 주면서
너도 없고
나도 없고
그도 없이
그냥
사랑하는 마음이 되어서
가는 것도
오는 것도
아닌
그냥 이대로
삶이 된다면
이대로 모두가 행복인 것을

엄지손가락의 불편을 통해 몸의 소중함과 아픔을 통한 교육의 의미를 알고

이유 없이 오른손 엄지가 쓸 수 없이 아프다. 관절에 멍울이 생기면서 까탈을 부린다. 운동을 하면 풀리겠지…… 하지만 갈수록 정도가 심해지는 듯 싶다.

말없이 지켜보던 아들이 병원에 예약을 했으니 진료를 받자고 한다. 고맙고 또 미안했다. 내 누구에게도 불편함을 주지 말고 옷을 벗고자 했는데……

X-레이를 찍고 여러 가지 검사 끝에 약을 타 가지고 왔다. 관절염이란다. 쉽사리 낳는 병이 아닌 듯한 눈치다. 일주일을 조석으로 약을 먹어 보지만 별로다. 5일 정도 침을 맞아 보았지만 역시 그 모양이다. 홧김에 그 관절부위 멍울에 대고 뜸을 떠 보았다. 역시나다.

오늘따라 "죽으면 썩을 살인데 무에 그리 아까워 아끼느냐!" 입버릇처럼 하시던 어머님의 말씀이 생각났다. 그리고 그런 마음으로 얼마 전 마음가짐을 다졌던 생각이 난다.

'이래두?' 하는 반항의 몸짓인 듯한 생각이 들면서, 새삼 어떠한 마음도 그냥 나는 것이 아님을 안다.

그동안 별 큰병 없이 또한 사대육신 멀쩡하게 자유롭게 불편 없이 살았음이 너무너무 고마웠고, 이렇게 소중한 육신을 일회용 정도로만 간단하게 여겨왔음에 죄송했다.

전철을 타고 오는 내내 소중한 육신에게 고마운 마음을 전하면서 어느 한 가지도 경시할 수 없는 소중함에 감사하고 또 사죄하면서 이렇게도 교육을 하고 있음에 감복하면서… 못난 울보가 되어서 또 하루를 보낸다.

이렇게도 소중한 내 육신인데 아픔도, 생각도, 보는 것도, 듣는 것도, 말하는 것도, 먹는 것도, 무엇 하나 교육의 방편이 아님이 없음을 느끼고 알면서… 한 찰라도 방심할 수 없음에 전율을 느낀다.

세 가지 중요한 것

(1)황금 (2)소금 (3)지금

2011년 7월 중순.

요즈음 며칠 새 장마인지 주점주점 빗방울이 오락가락 하더니 오늘 아침엔 햇빛도 반짝, 바람도 살랑살랑 상쾌하다.

지하철을 타기 위해 분당선 구룡역 엘리베이터 앞에 이르렀다.

70대 전후에 노신사 한 분과 얼굴은 60대 쯤, 몸매는 40대 쯤, 머리는 30대 쯤의 깔끔하고 원숙한 아름다움의 아주머니 한 분, 그리고 나, 이렇게 세 사람이 만났다. 지상으로 올라온 엘리베이터 문이 미끄러지듯 열린다.

내가 먼저 탔다. 우산의 물 흘림을 막아주던 비닐봉지가 떨어져 있다. 주우려 하던 마음이 왠지 주춤 물러섰다.

뒤따라 들어오시던 아주머니가 얼른 주우신다.

"내가 주우려 했었는데 아주머니가 주우시네."

신사분 역시 "내가 주술 건데 먼저 주우시네."

세 사람 모두 한마디씩 하면서 한바탕 웃음꽃이 피었다.

아주머니 왈 "쓰레기는 복이라는데 다른 사람에게 양보할 수가 없지요."

신사분 왈 "참 분하게 됐네요. 복을 뺏겼으니……"

또 한바탕 웃음꽃이……

세 사람은 오랜 친구들처럼 오손도손 이야기를 나누던 중 그 여자분이 "사람에게는 가장 소중한 것이 세 가지가 있다면서, 첫째는 황금이고 둘째는 소금이고 셋째는 지금이라"는 것이다.

듣고 보니 참으로 옳았다. 살자면 기름같은 돈이 중요하고, 또 소금이 없으면 살 수가 없고, 사람이 사는 데 있어 지금이라는 것이 또 얼마나 소중한가.

이 순간을 어떻게 사는가에 따라 모든 것이 좌우되지 않는가. 지금 무엇을 생각하고 또 무엇을 하고, 누구를 만나고, 무엇을 보고 듣고, 어떤 것을 받아 지녔느냐에 따라 생의 빛깔이 달라지고 눈빛이 변한다. 너무도 좋은 법문을 듣고 참으로 감사하지 않을 수가 없다.

무엇하나 스승 아님이 없다는 말을 다시 한번 실감하

면서 비를 맞아도 고맙고 바람이 불어도, 눈이 와도,
햇빛이 내려쪼여도, 풀 한 포기 조그마한 벌레 하나까
지도 스승임을 가슴 벅차게 느끼는 귀중한 시간이었
다.

저 밑바닥에 깔린 그리움을 보았다

옆에 앉아 계신 할머니가 커다란 보따리를 두 개나 가지고 가신다.

노인이 버거우시겠다는 안스러움도 있고 하여 "어디 멀리 가시나 봅니다"라고 말을 건넸다. 무뚝뚝하게 앉아 계시던 할머니가 얼굴 가득 화안한 미소를 띠우시며 딸네 집에 무엇을 좀 갔다 주려고 가신다고 하신다.

"할머니는 참 좋으시겠어요. 딸이 가까운 곳에 살고 있는가 보지요?"

"네! 별것은 아니지만 그래도 주고 싶어서 이것이 엄마들의 마음"이라시며 말을 걸어주어 즐겁다는 듯 밝으시다.

"저는 아들 하나 딸 하나 두었거든요. 그런데 내가 싫다고 딸은 미국으로 도망가고, 아들은 병원에 며느리에게 빼앗기고 지금은 혼자 같은 기분으로 살고 있어요."

묻지도 않는 말을 뚱딴지처럼 뱉아 놓으면서 농담을 했다는 생각으로 희죽이 웃어보인다.

평소 친구들과도 농담처럼 아무렇지도 않게 잘도 내뱉던 소리다.

헌데 왠일인지, 외로움일지? 서러움일지? 그리움일지? 쓸쓸함일지 모를 마음의 덩어리가 불끈 솟아 오르면서 왈칵 눈시울이 뜨거워진다.

입가에는 웃음이 눈에는 눈물이……

그 순간 내 얼굴은 어떤 모습이었을지?

그렇게도 혼자 왔다 혼자 가는 길이니, 미련도 두지 말자. 분복(分福: 선천적으로 타고난 복)대로 틀림없이 잘 살 것이다.

놓고 또 놓고, 열심히 버리고자 애를 썼고 또 쓰지만 알 수 없는 저 밑바닥엔 아직도 애틋한 그리움이 있음을 보면서, 머나먼 수행의 길을 눈물로 더듬어 간다.

몸을 벗기 전 마지막 거처를 생각하면서

수명이 참으로 많이도 늘었다. '인간 칠십 고래희'(人間七十古來稀)라는 말은 진실이 아닌 빈말이 된 지 오래다. 좋은 일일지? 안 좋은 일일지?

언제나 동전의 안과 바깥처럼 따라붙는 좋고 나쁜 일이 아니던가? 좋으면 안 좋음이, 안 좋으면 좋은 일이 여실하게 따라붙는 인간사가 아니던가.

노인들은 자손에게 불편한 몸을 기대어 괴롭히고 싶지 않다며 너, 나 할 것 없이 독거를 원하고 또 필연인 듯 흘러가고 있음을 보면서… 나 또한 내 노후의 그림을 언제부터인가 열심히 그리고 있음을 본다.

독거에서 요양원으로 병원으로, 이런 코스는 정말 싫다.

어느 순간 출가자로 세상을 마감하고 싶은 마음이 불끈 솟는다. 불가능한 일이다. 스스로 절을 만들고 들어갈 수 밖에…….

이렇게 끝없이 펼쳐지는 생각 속에 재력과 건강 그리

고 수많은 인연의 고리를 더듬으며 헤메고 있다.

청산은 나를 보고 말없이 살라 하고
창공은 나를 보고 티없이 살라 하네.
사랑도 내려 놓고 미움도 내려놓고
바람처럼 물처럼 살다가 가라 하네.

어떻게 사는 것이 티 없이 사는 것이고,
바람처럼 물처럼 사는 것일까?
재산에 착着도, 명예에 착도, 사랑도 내려놓고,
미운 마음도 빗진 마음도 깨끗이 정리하고,
아름다운 텅 빈 마음으로 떠나야 한다고 한다.
바람처럼 물처럼 그렇게 살고자 하지 않아도
이미 그렇게 살고 가고 있는 것을…
인연따라 만났다 하나 둘 떠나가고
이 일 저 일 생겼다가 지나가고
이것이 곧 바람이고 물결이 아닐지?

가수 박현정씨는 이 삶이 다하고 나야 내가 세상에 다
녀간 이유를 알 수 있을 거라고 했고, 슬프고 외롭고
쓸쓸함까지도 사랑하고 또 행복이라고 한다. 맞는 말
인가 보다. 그래서 "개똥밭에 굴러도 이승이 좋다"는
말이 있는가 보다.

누가 일러 이승이 고해라 했는고. 외롭고 슬프고, 괴롭고, 아프고 이런 건 모든 것이 다 아름다움이고 즐거움이며 산 사람들의 행복이 아니던가.

이러고 보니 수행이란 바로 이런 것, 홀딱 뒤집어 놓으니 그대로 행복이고 아름다움인 것을…….

아픈 마음도 괴로운 마음도, 사랑하는 마음도, 미운 마음도, 서운한 마음도 놓칠세라 싸안아 어루만져 주면서 너도 없고, 나도 없고, 그도 없이 그냥 사랑하는 마음이 되어서 가는 것도 오는 것도 아닌 그냥 이대로 삶이 된다면 모두가 행복인 것을…….

결혼은 인생의 무덤

십대의 어린 소녀가 "결혼은 인생의 무덤"이라고 정의를 내리더라는 말을 57여 년이나 지나서 만난 친구로부터 듣게 되었다.

왜? 무엇 때문에? 무슨 생각으로…… 많은 생각들이 실타래처럼 엉키어 올라온다.

지금도 나는 그렇게 정의를 내리고 싶다.

무슨 인연으로 이 세상에 왔고, 이런 모습으로 살아야 할 이유는 또 무엇일까?

부모를 선택해서 나오지 않았고, 자식도 선택하여 낳는 것도 아니면서, 태어나고 낳고를 거듭한다.

결혼을 하면 그 연장선상에서 벗어날 수가 없다. 인생의 흥망성쇠와 희노애락·애증의 산실이 바로 결혼에서 비롯되고 자라며 정리가 되어진다.

나를 낳아주신 부모의 뜻에 따라 나 또한 대를 이어야 할 의무와 책임이 주어지고, 그로 인하여 열심히 일을 하여 돈도 벌어야 하고 자손의 장래를 위해 자신을 돌아볼 기회가 없을 정도로 말이다.

하지만 몸은 마음 따라 움직일 수 밖에 없지만 고단하고 괴롭고 쇠하여 결국 누더기가 되고 결국은 땅에 묻힌다.

그러나 그 과정은 그리 간단하지만은 않다. 아버지는 아버지대로, 엄마는 엄마대로, 자손들은 자손들대로 각자가 살아있지만 죽어야 하는 자리가 바로 가정인 것 같다.

아버지는 아버지대로 있되 엄마의 입장을 고려하여 살면서 죽어야 하고, 엄마는 엄마대로 있지만 아버지의 입장을 생각하며 살면서 죽어야 원만하고 보기 좋은 가정이 된다.

금강경에 "아상我相 인상人相 중생상衆生相 수자상壽者相이 없어졌을 때 부처를 보리라" 한 구절의 뜻인 듯 싶다. 그래서 항상 각자 마음자리를 주시하며 불바퀴를 돌려야 하는 것이 아닐지?

아버지, 어머니, 자손들 여타 주변에 많은 가족들도 각자 자기(아상)가 살아있다면 다툼은 끊이지 않는다.

본래 가족이라 공동체로서 모서리가 닳고 닳아 매끄러워 질 때 편안하게 되는 것인데, 본래 가족이란 공동체로서 모서리가 닳고 닳다 닳을 것도 없이 되기 위한 수행의 한 그릇이라 보여진다.

아들이 엄마 되고, 엄마가 아들 되고, 며느리가 딸이
되고, 딸이 며느리가 되어, 너도 없고 나도 없고 모두
가 없으되, 엄연히 존재하면서 수행처가 되어야 하니,
가정이 바로 말없는 무덤이 되어 우주가 되어야 하는
것이라 믿어진다.

2008년 미국에서의 10월 어느 날 단상

2008년 10월 2일, 목요일 밤 11시 20분.

내가 미국에 온 것도 벌써 두달 하고도 열흘을 넘어서려 하고 있다.

말도 글자도 안 통하는 낯설은 땅, 또 이렇게 수행을 해야 하고 이유가 또 있었는가 보다. 하늘과 땅, 숲을 바라보면서 수진이 울음소리를 벗삼아 하루하루를 지내고 있다.

조금 전 조순자씨로 부터 전화가 왔다. 울음 반, 한숨 반 참으로 듣기 민망하지만 어찌 지내는가 궁금했던 차에 음성이라도 듣게 되어 반가웠다. 그렇게도 무섭고 마땅치 않았던 남편이었지만 그렇게 고마울 수가 없단다.

남편이 곁을 지켜주어 고맙지만 한편 미안하고 죄스러운 마음, 허전하고 쓸쓸한 마음 어찌 말로 다할 수 있겠느냐는 것이다.

법사님(저자) 심정, 말씀 안 하시지만 너무 잘 알고 있다면서 법사님 생각하면 가슴이 저리다고 한다. 나지나 않았으면 이런 일 저런 일 아픈 일도 없었으련만 누구를 탓하겠느냐는 것이다.

참으로 많은 공부를 했다. 하지만 육신이 있는 한 아픔 또한 어찌하겠는가. 그것 또한 마음인 줄 알고 놓아버릴 수 있는 수준이라면 나를 비롯, 무엇이 문제가 되겠는가만 나는 것도 죽는 것도 또한 본래 없음을 알고 있지만, 역시 하나가 되지 못해서…….

참으로 착하고 또 착한 사람인데, 고생이 많다.

얼굴이라도 한번 보고 싶지만 어느 것 하나 할 수 있는 일이 없다. 그저 음성이라도 들어서 상태를 간음할 수 있어 다행이라고 여길 수 밖에.

하루에도 수없이 지우고 지우고 또 지우는 작업을 하지만, 남편의 그늘이 얼만큼 큰 것인 줄을 예전에 상상도 못했던 일이다.

10월 3일

한국 같으면 개천절이라도 휴무였겠지.

미국 사람도 한국 사람도 아닌, 그냥 살고 있는 것인지? 없는 것인지 있는 것인지 정말 분간이 가지 않는,

정말 생명이 있는 존재인지 아닌지 실감이 나지 않는
다.

그래도 추억이 머리를 들고 일어나는 것을 보면 틀림
없이 살아있기는 한 것 같다. 먹는 것도 계획된 시간
표대로 움직이는 그저 등 떠밀려 가고 있는 것 같다.

왜 세상에 나와서, 이제 이렇게 지내야 하는 시간이
과연 얼마나 남아 있는 것인지?

미국에 와서 처음으로 초대를 받아 방문했다. 용진이
친구 잭의 외할머니 댁으로, 그것도 그댁 따님댁 차로
신세를 졌다.

2007년도에는 잭의 집에서 한번 뵈온 적이 있는 분이
다. 착하고 성실하고 모범적으로 잘 살고 계시는 분이
다. 한쪽 다리가 불편하신데도 우리 식구들을 위해서
보쌈이며 굴무침이며 갈비구이에 도토리묵이며, 참으
로 산해진미를 차려주셨다.

과연 이런 대접을 받을 만한지? 나는 몸둘 바를 몰랐
다. 역시 교인다운 자상함이 풍기는 또 한 사람, 스승
아님이 없다지만 참으로 존경할만한 분을 뵈었다.

집이며 정원이며 얼마나 잘 가꾸어서 다듬어져 있던
지…… 금년에는 비가 적어 농사를 망치셨다면서 호박
이며 고추며 건대 등을 따 주신다. 봉사생활을 주로
하고 계시는 탓일까. 인자한 성품이 배어있다.

불편하신 다리며, 은색 머리가 내 가슴을 이렇게 저렇게 하는 것을 아는지? 모르는지? 그분은 그저 웃기만 하신다.

10월 4일

한국에선 벌써 고구마를 캤다고 한다. 운학리이기 때문일까, 계절이 퍽 빠른 듯 느껴진다. 그것이 얼마나 수확이 되었건 한 해가 저물어가고 있음을 알리는 듯 기쁨 중에 쓸쓸함을 느낀다.

사과도 땄다고 한다. 남편이 없는 세월에 첫 수확이다 보니 색다른 감회가 서린다. 뒷동산에 밤도 많이 떨어졌으련만 아는지, 모르는지? 더불어 줍던 시절이 새삼 다정스러웠던 듯 그리워진다.

수현이가 몸이 불편하여 많이 보챈다. 유모차를 태워 공원에 갔다. 기분전환 겸 도토리도 줍고 작년(2007년도)에도 이곳에서 도토리를 주어 묵을 쑤어 먹었었는데, 금년에도 이곳에서 이 도토리를 줍고 있을 줄이야. 세상도 정말. 한 치 앞도 알 수 없음일세.

오늘따라 몸도 마음도 공연히 불편하다. 움직이기조차 싫어진다. 잘 다스려 마지막 순간까지 열심히 수행을 해야 하는데 말이다. 내가 어디 있다고… 그러면서도 아픈 것은 또 무슨 이치일까?

10월 5일

오늘도 공원에 가서 도토리를 주어왔다.

주워도 되는 것인지? 이곳 사람들은 도토리 이용법을 모르는 탓일까?

줍는 사람을 볼 수가 없다.

10월 8일

몸이 많이 고단하다. 어제 새벽에는 천둥·번개로 놀라 온 식구들이 잠자리를 옮길 정도로 소란했다는데 나는 아무것도 모르고 잤다.

오늘따라 자꾸 눕고만 싶다. 허리도 어깨도 팔도 매를 맞은 듯… 하나 마음이 더욱 아프고 허전하고 좀 더 잘 할 수 있었다는 후회감에 가슴이 저리다.

양쪽 부모님들께, 그리고 남편에게 좀 더 정성을 기울일 수 있었는데…… 철 없었던 탓일까.

돈 한푼 더 아끼고 또 아껴서 무엇을 하려고 국가에 세금만 보탰을 뿐, 아 이제는 후회해 보았자 돌아올 수 없는 세월 속에 피눈물이 되어 가슴을 칠뿐.

어느덧 10월도 중순을 향하고 있다.

10월 12일

일요일 용진 어미가 다닌다는 절에서 방생을 한다고 연락이 왔다. 장소는 나고비스타라는 곳에 트레비스 레이크(호수)라고 했다.

오랫만에 들어보는 '방생'이었다. 실감도 절실함도 없는 그저 그런 용어… 다소 생소하기까지 했다. 갈 마음도 그렇다고 안 간다고 할 마음도 아닌, 참으로 요상스러운 마음으로 아기나 보자는 생각을 했다.

하지만 주원이가 거부를 한다. 하여 무심한 마음으로 위도 아래도 없는 그런 마음으로 호수에 이르렀다.

경치가 퍽이나 좋았다. 호수 바닥의 모래를 헤일 수 있을 정도의 맑은 물하고 호숫가에 왠 제첩껍질이 보이고 휴지 한 조각 찾아볼 수 없는 정결함이 마음에 들었다.

교통수단일지? 레저용일지 알 수 없는 배가 심심하지

않게 오고 가더니, 오후에는 요트까지 몇 대 떠다니니 호수의 아름다움을 더욱 돋구어 주었다.

아이들은 호수가에서 물장난하노라 시간가는 줄을 모른다.

바람이 세차게 불어 촛불도 못 키고 독경을 했다.

30여 명 모인 사람들이 준비한 조촐하면서도 정성어린 음식들이 꽤나 풍족했다. 빈손으로 참석하고 음식을 잘 먹다 보니 새삼 신도분들께 고맙고 죄송하다.

수현이가 갈 때는 왠일인가 가기 싫다고 울어대더니, 올 때는 매일 또 오자면서 아쉬워했다.

그 어느 시절 중병을 앓아 목과 얼굴에 상처가 저으기 인상적인 스님은 한 50대 정도의 한의사라고 한다. 그래도 이렇게 열심히 수행을 하고 계시는 분이 있어 고맙고 또 고맙다.

결혼 죽음, 하나

10월 21일, 화요일. 바람이 살랑살랑 일기 시작했다.

어느덧 하늘에 구름조각들이 이곳 저곳에 떠다니기 시작한다.

한국의 하늘이 예전엔 이렇게 깨끗했었다고 기억이 된다. 그래서 고려청자의 빛깔이 그러하고 또 아름다웁지 않았을까?

하지만 오늘날 한국의 날씨는 항상 개인 것도, 흐린 것도 같은 흐리매캐하다고나 할까. 과히 기분이 맑지 않다. 바람이 있어 구름이 생기고 또 비가 오고 동식물이 자라고 또 죽고를 되풀이 한다.

자연의 기원(에너지), 알 수 없는, 어디로부터 이루어지는 것인지 모르는 자연의 그 힘 하나로 세상은 각양각색으로 변하고 생멸하고 만나고 헤어지고를 되풀이 하면서 정말 이것은 왜 있어야 하는 건지.

음양이 만나 생산하고 헤어져 각각 죽어 멸하고 끝도 없는 이 작용의 의미는 무엇이고 끝내 끝은 있는 것일까?

내가 없다면, 참으로 내가 없다면 아플 것도 괴로울 것도 슬픈 것도 아~~ 하고 싶은 것도, 하기 싫은 것도, 보고 싶은 것도 보기 싫은 것도 없으련만…… 나는 내가 만드는 것도, 그렇다고 내가 아니 만든다고, 본래 내 뜻이 반영되어진 부모·자식간의 만남도 마음과 몸과의 만남도 아닌 듯 하니 참으로 나는 없다 해야 할 것이련만…….

어제는 지나가서 없고, 내일은 오지 않아 없고, 지금은 순간순간 변하고 있으니 언제를 지금이라고……. 어느 때의 나를 나라할까. 정녕 없음이련가 한데, 이런 저런 생각들이 바람에 구름일듯, 이는 또 무엇이란 말인고.

'결혼'.

모르는 남자와 여자가 만나 자식 낳고 맞느니 틀리느니, 좋으니 나쁘니, 어쩌구 저쩌구 허공에 날줄 씨줄을 엮어 좋은 무늬를, 아니면 무섭고, 더럽고 난잡한 무늬를 놓는다. 이것들은 또 무엇을 하고자 함일지?

결혼이란 그저 남녀가 만나 자식 낳고 사는 것만은 아닌가 싶다.

상대가 바로 나인 줄 느끼고 싸안으면서 혼을 엮어 순간순간을 영원처럼 살아가야 한다는 의미가 하늘·땅이 있어 하늘이고 땅, 온 하늘이 있어 땅임을 알고 실천하면서 하나로 살라는 뜻이련만… 남편은 남편으로 아내는 아내로 주장하고 세우면서 독기를 품어가니 이리 세상이 무서워 지는 걸까?

순간순간 숨이 끊이지 않았음을 확인하면서 오늘일까? 내일일까?

아파서 주위사람들 괴롭고 슬프고 아프지 않게 조용히 거두어 갔으면……

바라고 또 바라고 있다.

박쥐다리

11월 2일.

한국의 시간은 11월 3일이겠지?

오늘은 일요일이라 온 가족이 저녁시간을 이용, 오스틴다운타운 한복판을 흐르는 콜로라도 강 위의 다리, 이름하여 박쥐다리(맵즌 브리지)라는 곳을 갔다.

차들이 끊임없이 오고가는 이 거리, 시끄러운 거리(다리) 밑에 박쥐들이 150만 마리가 살고 있다고 한다. 여름철에는 더욱 많아서 220만 마리가 산다고 한다.

여름철새처럼 가을이 되면 100만 마리 정도는 멕시코로 이동했다가 봄이 되면 다시 찾곤 한다고 한다.

어둠이 내리기 전 많은 사람들이 다리 위에 혹은, 다리 밑 잔디밭에 자리를 펴고 남녀노소, 연인들, 가족들끼리 3355 모여앉아 박쥐가 먹이를 찾아 떠나는 행렬을 구경하기 위해 시간을 보내고 있다.

두말 할 것 없이 우리 일행 역시, 100일도 안된 아기를 유모차에 싣고 다리 위에 서성거리며 시간을 보내고 있었다.

드디어 박쥐가 날은다는 사람들의 손을 따라 시선을 옮기니 이것은 박쥐인지? 아니면 밤 공기에 내뿜는 공장의 검은 연기 같은 것이 끝도 모르게 날라간다.

사방에서 후레쉬가 번쩍였다. 우리도 몇 장 찍었다. 집에 와서 보니 여러 마리의 박쥐가 보였다. 참으로 장관이었다. 1980년대부터 박쥐가 모여들어 오늘에 이른다고 한다.

주변에서 이상한 냄새와 소리가 끊임없이 이어 나오는 이색적인 환경 속에 무엇이 이들을 이 다리 밑에 자리 잡게 했으며, 또 어디로 날아가 무엇들을 찾고 있을까?

왜 한 방향으로만 날아가는 것일까?

여기에도 주동자가 있어 인솔하는 것은 아닐까 의문의 꼬리가 길어진다.

주원이 생일

11월 4일, 음력으로 10월 7일 주원이 생일이다.

1968년 오늘, 고려대 혜화병원 산실에서 두번째 제왕절개를 했다.

1967년 동은이를 낳을 때는 처음이라 멋도 모르고 설마 너희가 나를 죽이기나 하겠는가 싶은 뱃장이라도 있었지만, 한번 경험을 하고 난 그때는 참으로 두려웠다. 그래서였는지 마취가 잘 안되었다고 한다.

지금 같으면 하반신만 마취를 했겠지만 그때만 해도 전신마취를 했다. 약을 강하게 썼던지 얼른 의식이 돌아오지 않아 한동안 회복실에 방치. 밖에 있던 가족들의 애를 말렸다고 한다.

이제 그 아이가 어인 일인지 그 어미의 못난 것을 닮았음일지 처음 아이(용진)때부터 양수가 미리 터져 수술을 불가피하게 만들더니, 둘째(수현) 셋째(수진)까지 수술을 해야 하는 처지가 주변 사람들을 가슴 조이게 한다.

어쨌거나 세째까지 무사히 잘 낳아 주어서 고맙기 그지없다. 남편도 아들도 축하의 꽃다발을 들고 와 마음을 써주는 모습이 그저 감격스럽기도 했다. 부디 행복하게 잘 살아주기를 빈다.

여자로 태어난 수행이라 생각하지만 내 마음은 갈수록 이 세상에 태어나 살고 있는 사람들이 뼈저리게 불쌍하다는 생각이 든다.

옛사람들은 "개똥밭에 굴러도 이승이 좋다"는 속담까지도 남겼는데, 왜 나는 이렇게 모두가 불쌍하게만 보이는지……?

기 도 문

비로자나 대관정 광명진언 (180회)

옴 아모카 바이로차나 마하무드라 마니파드마 즈바라

프라바릍타야 훔

관세음보살 육자진언 (180회)

옴 마니 반메 훔

신묘장구대다라니

나모라 다나다라 야야

나막알약 바로기제 새바라야

모지 사다바야 마하 사다바야

마하가로 니가야

옴 살바 바예수 다라나 가라야

다사명 나막 가리다바

이맘알야 바로기제 새바라

다바 니라간타
나막 하리나야 마발다 이사미
살발타 사다남 수반아예염
살바보다남 바바말아 미수다감
다냐타 옴 아로계 아로가 마지로가
지가란제 혜혜하례
마하모지 사다바 사마라
사마라 하리나야
구로구로 갈마 사다야 사다야
도로도로 미연제
마하미연제 다라다라
다린나례 새바라 자라자라
마라 미마라 아라나 몰제 예혜혜
로계새바라 라아 미사미 나사야
나베 사미사미 나사야
모하자라 미사미 나사야
호로호로 마라호로
하례 바나마 나바
사라사라 시리시리 소로소로
못쟈못쟈 모다야 모다야
매다라야 니라간타 가마사 날사남
바라 하라나야 마낙 사바하
싯다야 사바하 마하싯다야 사바하
싯다유예 새바라야 사바하

니라간타야 사바하
바라하 목카싱하 목카야 사바하
바나마 하따야 사바하
자가라 욕다야 사바하
상카섭나네 모다나야 사바하
마하라 구타다라야 사바하
바마사 간타 니사 시체다
가릿나 이나야 사바하
먀가라 잘마이바 사나야 사바하
나모라 다나다라 야야 나막알약 바로기제 새바라야
사바하(3번)

등을 염송한 이 공덕으로

1. 세세생생 이어졌던 내 조상들과 가족들과 친지들과
   스승님들과, 나와 더불어 이 공기를 마셨거나 마시고
   있고 마실 모든 사람들이 생명의 뿌리가 하나임을
   깨달아 항상 편안하고 행복하며 보리마음 모두 내어
   윤회고를 벗어나 해탈하여지이다. 몸을 벗고 떠날 때
   는 몸도 마음도 건강하게 다스려 활기차게 활동하다
   한순간에 거두어 가도록 하소서.

2. 온 국민이 한마음으로 똘똘 뭉쳐 법과 질서를 바로
   잡아 자유 대한민국으로 세계 속에 우뚝 서고, 여세
   를 몰아 평화적인 북진 평화통일을 이루어 온 국민

이 활기차고 희망찬 생을 살수 있도록 하소서.

3. 용동은 교수가 건강한 몸과 마음으로 열심히 연구하고 활동해서 벤처가 대성을 거두어 온누리에 빛이 되고 힘이 되도록 하소서.

4. 이 가정의 온 가족이 화합하고 사랑하고 건강해서 하고자 하는 일이 모두 대성을 이루도록 하소서.

5. 내 이름을 들었거나 아는 사람, 내 모습을 보았거나 아는 사람, 나를 스쳐지나간 공기를 마셨거나 대하는 모든 사람들의 생명의 뿌리가 하나임을 깨달아 항상 편안하고 행복하여지이다.

6. 미워하지 않고 원망하지 않고 시기질투하지 않으며, 화내지 아니하며, 부러워하지 아니하며, 자만하고 경솔하지 아니하며, 겸손하고 검소하며 자연을 비롯한 온 우주법계 이대로가 스승임을 깨닫고 받들어 지극한 사랑으로 살도록 하소서.

영원한 오늘

1판 1쇄 펴낸 날 2020년 3월 5일(경칩驚蟄)

지음 풍원자
발행인 김재경 **편집** 허서 **디자인** 김성우 **마케팅** 권태형 **제작** 경희정보인쇄
펴낸곳 도서출판 비움과소통(blog.daum.net/kudoyukjung)
　　　　경기 파주시 하우고개길 151-17 예일아트빌 103동 102호
　　　　전화 031-945-8739 팩스 0505-115-2068
　　　　이메일 buddhapia5@daum.net